D0752804

JACQUES BREL

JACQUES BREL

ŒUVRE INTÉGRALE

ÉDITIONS ROBERT LAFFONT
PARIS

Si vous désirez être tenu au courant des publications de l'éditeur de cet ouvrage, il vous suffit d'adresser votre carte de visite aux Éditions Robert LAFFONT, Service « Bulletin », 6, place Saint-Sulpice, 75279 Paris Cedex 06. Vous recevrez régulièrement, et sans engagement de votre part, leur bulletin illustré, où, chaque mois, vous sont présentées toutes les nouveautés que vous trouverez chez votre libraire.

ISBN 2-221-01068-X (édition brochée)
ISBN 2-221-01069-8 (édition reliée)

NOTE DE L'ÉDITEUR

La Fondation Internationale Jacques Brel est une association sans but lucratif, constituée le 29 septembre 1981 et composée, d'une part, de membres fondateurs appartenant à la famille Brel et, d'autre part, de membres adhérents.

La Fondation a décidé de publier une édition intégrale de l'œuvre de Jacques Brel, donnant ainsi au lecteur la possibilité d'apprécier tous les aspects de sa personnalité. On trouvera donc, à côté de textes connus et célèbres, d'autres textes peu connus, voire inédits.

Une note explicative sur la présentation de ces textes figure en fin de volume.

SOMMAIRE

Complainte

La Toison d'Or

LA TOISON D'OR

Et vous conquistadors navigateurs anciens
Hollandais téméraires et corsaires malouins
Cherchant des Amériques vous ne cherchâtes rien
Que l'aventure de la Toison d'Or

Et vous les philosophes vous sages d'Orient
Alchimistes pointus et sorciers d'à présent
En cherchant la sagesse vous n'avez rien cherché
Que les secrets de la Toison d'Or

Et vous les empereurs roitelets ou serins
Vous les vrais Charlemagne vous les faux Charles Quint
En cherchant la puissance vous ne cherchâtes rien
Que les reflets de la Toison d'Or

Et vous preux chevaliers assoiffés de grandeur
Vous chasseurs de Saint Graal d'oriflammes d'honneurs
Cherchant la victoire vous ne cherchâtes rien
Que le panache de la Toison d'Or

Et vous tous les poètes les rêveurs mal debout
Discoureurs de l'amour pour des cieux andalous
En écoutant vos muses n'avez rien chanté d'autre
Que le vieux rêve de la Toison d'Or

Et vous gens d'aujourd'hui d'aujourd'hui de demain
Vous balayeurs d'idoles de dieux de malins
Cherchant la vérité vous ne recherchez rien
Que la clarté de la Toison d'Or.

Comédies musicales

L'homme de la Mancha (1968)
Le voyage sur la lune (1969)

L'homme de la Mancha

L'HOMME DE LA MANCHA

Ecoute-moi
Pauvre monde, insupportable monde
C'en est trop, tu es tombé trop bas
Tu es trop gris, tu es trop laid
Abominable monde
Ecoute-moi
Un Chevalier te défie
Oui c'est moi, Don Quichotte
Seigneur de la Mancha
Pour toujours au service de l'honneur
Car j'ai l'honneur d'être moi
Don Quichotte sans peur
Et le vent de l'histoire chante en moi
D'ailleurs qu'importe l'histoire
Pourvu qu'elle mène à la gloire

      Et moi je suis Sancho
      Sancho, Sancho, son valet, son fils, son frère
      Sancho, son seul amigo
      Son seul suivant mais pour toujours et j'en suis
                                     [fier

Regardez-moi
Vous les dragons, les sorciers, les sorcières
Votre règne se meurt aujourd'hui
Regardez-moi
La vertu flambe dans ma bannière
Regardez-moi
Un Chevalier vous défie
Oui c'est moi, Don Quichotte

Seigneur de la Mancha
Pour toujours au service de l'honneur
Car j'ai l'honneur d'être moi
Don Quichotte sans peur
Et le vent de l'histoire chante en moi
D'ailleurs qu'importe l'histoire
Pourvu qu'elle mène à la gloire

      Et moi je suis Sancho
      Sancho, Sancho, son valet, son fils, son frère
      Sancho, son seul amigo
      Son seul suivant mais pour toujours et j'en suis
                                  [fier.

UN ANIMAL

Un animal mais tout de même
Je sais les hommes et je sais même
Qu'au feu du lit lampes éteintes
Ils ressemblent tous à des chiens
Que ce soit toi ou bien ton frère
C'est le même ennui dans les mêmes bras
Tu me prendras toi ou ton frère
Mais pour l'amour tu repasseras

Vraiment pourquoi parler d'amour
Pour Aldonza l'amour c'est ça
Et quand les chiens parlent d'amour
Ils ne crient pas mais ils aboient
Un animal qui brûle qui mord
Une Aldonza pour les crapules
Un animal qui mord qui brûle
Mais qui choisit ses autres corps

Comme l'oiseau je suis en cage
Suis-je de trop ou trop sauvage
Pourtant parfois j'espère un peu
J'espère un peu je ne sais quoi
Je te préviens je brûle, je mords
Même les chiens même les crapules
Je te préviens je mords je brûle
Et je choisis mes autres corps

Je te préviens je suis Aldonza
Je te préviens, tant pis pour toi.

DULCINÉA

Je te savais déjà
Je savais ton prénom, ton aura, ton éclat, ta lumière
Je te savais toujours
Je savais de toujours que ce jour me mènerait jusqu'à toi
Dulcinéa, Dulcinéa,
Perle d'or sur champ d'amour, toi Dulcinéa,
Même mort, je jure, je jure ne brûler que de toi,
Dulcinéa, Dulcinéa

Oh non, ne t'en va pas
Laisse-moi contempler du regard l'ombre chère de tes pas
Oh non, ne t'en va pas
Tu n'es plus une image, un mirage, un nuage, tu es là
Dulcinéa, Dulcinéa
Laisse-moi servir ta gloire, ma Dulcinéa
Par ma voix, pour toujours, ton nom entrera dans l'histoire
Dulcinéa, Dulcinéa

Dulcinéa, Dulcinéa
Perle d'or sur champ d'amour, toi Dulcinéa
Même mort, je jure, je jure ne brûler que de toi,
Dulcinéa, Dulcinéa
Dulcinéa, Dulcinéa,
Laisse-moi servir ta gloire, ma Dulcinéa
Par ma voix, pour toujours, ton nom entrera dans l'histoire
Dulcinéa, Dulcinéa.

VRAIMENT JE NE PENSE QU'A LUI

Vraiment, je ne pense qu'à lui
Vraiment je ne pense qu'à lui
J'y pense comme toute la famille
Vraiment je ne pense qu'à lui,
Pour lui je tremble, pour lui je prie,
Pour lui je veille et je vieillis,
Et même quand je ne pense à rien, je ne pense qu'à lui

Mais on dit qu'il chasse les sorcières
Et j'ai peur que ce ne soit vrai
Si mon promis l'apprenait
Ses promesses tomberaient à terre

Oh vraiment j'adore mon oncle,
Mais si vraiment on l'attrapait
C'est avec joie que je l'enfermerais
Au plus profond des catacombes
Enfin je veux dire...
Enfin je veux dire...
Je vous jure que sur tous les saints Martyrs,
Vraiment je ne pense qu'à lui
Vraiment je ne pense qu'à lui
Et même quand je ne pense à rien, je ne pense qu'à lui

Vraiment je ne pense qu'à lui
Vraiment je ne pense qu'à lui
J'y pense comme toute la famille
Vraiment je ne pense qu'à lui
Pour lui je tremble, pour lui je prie,
Pour lui je veille et je grossis
Et même quand je ne pense à rien, je ne pense qu'à lui

21

Je comprends qu'il soit parti
Il vivait trop solitaire
Et sans femme à satisfaire
Les hommes deviennent folie

Je sais qu'il recherche l'amour
La femme qui l'enflammera
Dieu fasse qu'à son retour
Il ne s'en prenne pas à moi
Ah quel tourment,
J'en mourirais
S'il s'en prenait à mon diamant !
Vraiment, je ne pense qu'à lui
Vraiment je ne pense qu'à lui
Et même quand je ne pense à rien, je ne pense qu'à lui

Vraiment elles ne pensent qu'à lui
Vraiment elles ne pensent qu'à lui
Que c'est beau l'esprit de famille
Vraiment elles ne pensent qu'à lui
Je les envie, ce sont des saintes,
Sans un murmure, sans une plainte,
Même quand elles ne pensent qu'à elles, elles ne pensent
    qu'à lui.

JE L'AIME

Je l'aime,
Je l'aime, l'aime,
Arrachez-moi le cœur ou bien les yeux,
Je l'aime,
Je ne sais pas,
Non, je ne sais pas pourquoi,
Peut-être pour ci, peut-être pour ça, peut-être...
Je ne sais pas,
Brûlez-moi, déchirez-moi,
Qu'on m'agrafe, qu'on m'épitaphe,
Qu'on m'accroche, qu'on m'anicroche,

> qu'on m'effiloche,
> qu'on m'embroche,

Je l'aime,
Je l'aime,
Je l'aime, l'aime,
Comme deux et deux font cinq ou six ou sept,
Je l'aime.
Et pourtant,
J'avoue que j'ai grand peur,
J'ai peur des ogres et des géants,
J'ai peur de l'Enchanteur.
Mais tant pis
Si je suis fou,
Je ne suis pas riche, mais j'ai tout.
Qu'on rigole, qu'on me camisole,

> qu'on me casserole,
> qu'on me rissole,

Qu'on m'arrête, qu'on m'empaquette,

> qu'on me fourchette,
> qu'on m'embrochette,

Je l'aime.

POURQUOI FAIT-IL TOUTES CES CHOSES

Pourquoi fait-il toutes ces choses
Pourquoi fait-il cela
Pourquoi, pourquoi voit-il pousser la rose
Là où la rose ne poussera pas ?
Pourquoi veut-il toujours brûler sa vie
Pourquoi suis-je toute attendrie
Et qu'attend-il de moi ?

Pourquoi dit-il qu'il est l'histoire
Pourquoi dit-il cela
Pourquoi « missive » pourquoi « Dulcinéa »
Et pourquoi veut-il que j'aie de la gloire ?
Rien ne ressemble à tout ce qu'il espère
Pourquoi ne suis-je pas en colère
Et qu'attend-il de moi ?

Oh je sais, je sais bien
Quoi qu'il fasse, le monde s'en moquera
Mais je sais, je sais bien, sans savoir
Que moi je ne m'en moquerai pas

Pourquoi rêver tout ce qu'il rêve
Que je ne comprends pas
Pourquoi ses yeux et pourquoi sa fièvre
Pourquoi veut-il que je sois une reine
Pourquoi donne-t-il quand les autres me prennent
Pourquoi m'a-t-il ouvert les bras
Et qu'attend-il de moi ?

SANS AMOUR

Sans amour, sans amour,
Sans amour à venir,
Sans amour, sans amour,
Qu'est-ce que vivre veut dire ?
J'ai le vide au cœur,
Le vide au corps,
Sans amour, sans amour,
A quoi me sert ?
Sans amour, sans amour,
De vivre encore ?
Sans amour, sans amour,
Sur les ramblas,
Etre fils de roi,
Cueillir des filles,
S'offrir l'enfer ?
Mais suis comme toi
Fils de misère,
Et des ramblas,
Y en a guère
Dans La Mancha

Sans amour, sans amour,
Sans amour à venir,
Sans amour, sans amour,
Qu'est-ce que vivre veut dire ?
Je vis sans fleurs,
Je vis sans fleuves,
Sans amour, sans amour,
Les hommes pleurent,
Sans amour, sans amour,
Les femmes pleuvent,
Sans amour, sans amour,
Sans amour, sans amour.

LE BARBIER

C'est moi qui suis le fameux barbier,
Le Figaro de La Mancha !

Apothicaire prêt à barber,
Et barbier qui apothiquera

Foi de barbier, ma vie est douce,
Car les hommes ont besoin de moi,
Depuis toujours la barbe pousse,
La barbe barbe et embarbera

C'est moi que je suis l'arrière-grand-père
Du Figaro de Sevilla
Je suis le roi des apothicaires,
Je suis le barbier de La Mancha !

LE CASQUE D'OR DE MAMBRINO

Oh toi, casque d'or de Mambrino
Que j'espérais depuis toujours
Le ciel t'envoie comme une étoile
A moi la gloire, à moi l'amour !

Casque d'or de Mambrino
Je le jure sur ton histoire
Je le jure sur mes victoires
Je serai ta vie, tu seras ma gloire

      Je crois entendre le coucou qui chante dans le cou-
                           [coutier
      S'il te dit que c'est de l'or, pourquoi vouloir le
                          [contrarier ?
      Mais enfin, y a pas plus d'or que de beurre en broche,
                          [oh chevalier,
      Je crois entendre le coucou qui chante dans mon
                          [coucoutier

Casque d'or de Mambrino
Je le jure sur ton histoire
Je le jure sur mes victoires
Je serai ta vie, tu seras ma gloire.

CHACUN SA DULCINÉA

Chacun sa Dulcinéa
Qu'il est seul à savoir,
Qu'un soir de pleurs, il s'inventa,
Pour se garder un peu d'espoir
Aux barbelés du cœur.
Par elle, par sa Dulcinéa
Ou par l'idée d'icelle,
L'homme rebelle devient un Dieu.
Voilà qu'il vole et même mieux,
Cueille des lunes du bout des doigts,
Mais cependant si tu es de ceux
Qui vivent de chimères,
Rappelle-toi qu'entre les doigts,
Lune fond en poussière.
Il n'y a pas de Dulcinéa,
C'est un espoir fané.
Malheur à qui peut préférer
Le verbe être au verbe avoir,
Je sais son désespoir.
Il n'y a pas de Dulcinéa,
C'est un espoir fané.

LA QUÊTE

Rêver un impossible rêve
Porter le chagrin des départs
Brûler d'une possible fièvre
Partir où personne ne part
Aimer jusqu'à la déchirure
Aimer, même trop, même mal,
Tenter, sans force et sans armure,
D'atteindre l'inaccessible étoile
Telle est ma quête,
Suivre l'étoile
Peu m'importent mes chances
Peu m'importe le temps
Ou ma désespérance
Et puis lutter toujours
Sans questions ni repos
Se damner
Pour l'or d'un mot d'amour
Je ne sais si je serai ce héros
Mais mon cœur serait tranquille
Et les villes s'éclabousseraient de bleu
Parce qu'un malheureux
Brûle encore, bien qu'ayant tout brûlé
Brûle encore, même trop, même mal
Pour atteindre à s'en écarteler
Pour atteindre l'inaccessible étoile.

GLORIA

Gloria ! toute la terre connaît déjà
Ta triste mine, ta triste armure
Mais le monde entier t'appellera
Le Triste Chevalier à la triste figure

Gloria ! va Chevalier, va
Va-t-en chevaliérer
Va-t-en chevaliérer à pleins bras
Mais je sais que la nuit, couché dessous mon foie
Je me souviendrai de tout ça

Gloria ! les géants tremblent déjà
Va-t-en réduire en confiture
Tous les moulins à bras de La Mancha
Par ta triste mine, par ta triste armure

Gloria ! va Chevalier va
Oui, va-t-en pourfendre
Va-t-en défendre qui tu veux
Mais je ne serai plus là à sacrer les gâteux
Mais je ne serai plus là pour voir ça

Gloria ! toute la terre connaît déjà
Ta triste mine, ta triste armure
Mais le monde entier t'appellera
Le Triste Chevalier à la triste figure
Gloria !

ALDONZA

Je suis née comme une chienne une nuit où il pleuvait
Je suis née et ma mère est partie en chantant
Et je ne sais rien d'elle que la haine que j'en ai
J'aurais dû venir au monde en mourant

Eh bien sûr, il y a mon père, on dit, on dit souvent
Que les filles gardent leur père au profond de leur cœur
Mais je n'ai pas su mon père, mon père était plusieurs
Car mon père était un régiment.
Je ne peux même pas dire s'ils étaient andalous ou
    prussiens
Sont-ils morts vers le nord, sont-ils morts vers le sud
Je n'en sais rien !

Une Dame, et comment veut-il que je sois une Dame ?

J'ai grandi comme une chienne de carrefour en carrefour
J'ai grandi et trop tôt sur la paille des mules
De soldat en soldat, de crapule en crapule
J'ai connu les bienfaits de l'amour
Et je vis comme une bête, je fais ça comme on se mouche
Et je vis sans savoir ni pour qui ni pour quoi
Pour un sou je me lève, pour deux sous je me couche
Pour trois sous je fais n'importe quoi !
Si vous ne me croyez guère, pour trois sous venez voir le
    restant
De la plus folle des fiancées au plus crapuleux des brigands
    de la terre

Mais chassez donc vos nuages et regardez-moi telle que je
    suis

Une Dame, une vraie Dame a une vertu, a une âme
Dieu de Dieu, de tous les pires salauds que j'ai connus
Vous qui parlez d'étoile, vous qui montrez le ciel,
Vous êtes bien le plus infâme, le plus cruel.
Frappez-moi, je préfère le fouet à vos chimères,
Frappez-moi jusqu'au feu, jusqu'au sol, jusqu'à terre
Mais gardez votre tendresse, rendez-moi mon désespoir
Je suis née sur le fumier et j'y repars,
Mais je vous en supplie, ne me parlez plus de Dulcinéa
Vous voyez bien que je ne suis rien, je ne suis qu'Aldonza
    la putain.

LE CHEVALIER AUX MIROIRS

Y a-t-il ici quelqu'un qui prétende s'appeler
Don Quichotte de la Mancha...
S'il ose supporter le poids de mon regard, qu'il avance !

— Je suis Don Quichotte, Chevalier à la triste figure !

— Ecoute-moi, Charlatan, tu n'es pas un Chevalier mais
un dérisoire imposteur. Tes jeux ne sont que des jeux
d'enfant et tes principes ne valent guère mieux que la
poussière qui tremble sous mes pieds !

— Manque de courtoisie ! Fausse chevalerie !
Donne-moi ton nom avant que je ne te châtie !

— Arrête ! Don Quichotte, tu voulais connaître mon nom.
Je vais te le dire. Je m'appelle le Chevalier aux Miroirs !
Regarde Don Quichotte. Regarde dans le miroir de la
réalité.
Regarde. Que vois-tu Don Quichotte ?
Rien qu'un vieux fou !
Regarde ! Regarde !
Plonge, Don Quichotte, plonge dans ce miroir.
Viens te noyer en lui, il est l'heure de couler,
La mascarade est terminée.
Avoue que ta noble Dame n'est qu'une putain,
Et que ton rêve n'est que le cauchemar de l'esprit qui
s'égare !

— Je suis Don Quichotte, Chevalier errant de la
Mancha...
Et ma noble Dame est Dame Dulcinéa...
Je suis Don Quichotte, chevalier errant...
Dulcinéa

LA MORT

ALDONZA

Je vous en supplie, essayez de vous souvenir !
Vous m'avez regardée et vous m'avez appelée par un autre
   nom.
Dulcinéa, Dulcinéa,
C'est joli, c'est doux, c'est tendre : Dulcinéa
Rendez-moi mon rêve de grâce et refaites de moi
Dulcinéa, Dulcinéa.
Dulcinéa, Dulcinéa,
Rendez-moi le cœur et l'âme de Dulcinéa
Rendez-moi l'amour, la gloire et rendez-moi l'éclat
De Dulcinéa, Dulcinéa.

DON QUICHOTTE

Mais alors... peut-être... peut-être que ce n'était pas un
   rêve ?...

ALDONZA

Vous parliez d'un rêve,
Vous parliez de la quête !

DON QUICHOTTE

De la quête !...
Les mots... dis-moi les mots...

ALDONZA

Rêver un impossible rêve
      Ce sont vos propres mots
Porter le chagrin des départs
      Vous ne vous rappelez pas ?
Brûler d'une possible fièvre

Vous devez vous rappeler !
Partir où personne ne part.

DON QUICHOTTE

Aimer jusqu'à la déchirure

ALDONZA

Oui !

DON QUICHOTTE

Aimer, même trop, même mal

ALDONZA

Oui !

DON QUICHOTTE

Tenter sans force et sans armure
D'atteindre l'inaccessible étoile

ALDONZA

Merci, Mon Seigneur !

DON QUICHOTTE

Mais, quoi, Princesse ? A genoux ? Devant moi ?

ALDONZA

Seigneur, vous êtes trop faible !

DON QUICHOTTE

Trop faible ?
Qu'est-ce que la maladie ?
Qu'est-ce qu'une blessure pour le corps d'un chevalier
    errant ?
A chaque fois qu'il tombe, voilà qu'il se relève et malheur
    aux méchants !
Sancho !

SANCHO

Oui !

DON QUICHOTTE

Mon épée, mon armure !

DON QUICHOTTE

Ecoute-moi pauvre monde, insupportable monde
C'en est trop, tu es tombé trop bas.
J'étais seul, je suis trois
Sancho, Dulcinéa,
Ecoute-moi, un Chevalier te défie.
Oui c'est moi, Don Quichotte.

DON QUICHOTTE, DULCINÉA, SANCHO

Seigneur de la Mancha
Pour toujours au service de l'honneur
Car j'ai l'honneur d'être trois
Don Quichotte sans peur
Et le vent de l'Histoire...

ALDONZA

Seigneur !

SANCHO

Maître !

DON QUICHOTTE

D'ailleurs qu'importe l'Histoire
Pourvu qu'elle mène à la Gloire... ah ! ah !

CHANSON DE SANCHO

Un mot par-ci et un mot par-là
Un mot pour ceci et un mot pour cela
Pour lui confier ce qui m'est arrivé.
Comme il n'entend plus rien
Ça ne peut plus le troubler

En rentrant, ma femme m'a battu comme un chien
Mais je ne sentais pas les coups qu'elle me donnait
Elle frappait et elle frappait, elle criait et elle criait :
Tu es parti trop longtemps, j'ai perdu la main

Un mot par-ci et un mot par-là
Un mot pour ceci et un mot pour cela
S'il n'entend plus rien, je crois que c'est aussi bien,
Il serait capable d'en rire !
Ou de m'accuser de mentir !

Ça me manque de ne plus combattre les moulins
Ça me manque de ne plus chasser les enchanteurs
Les plaisirs de tous les jours ne m'apportent que langueur !
J'étais l'ombre d'un Chevalier et je ne suis plus rien !

Avec l'aimable autorisation
des publications Francis Day.

Le voyage sur la lune

ou
Ce qui s'est réellement passé
le 21 juillet 1969 à 2 h 56 U.T.

ALLONS IL FAUT PARTIR

Allons il faut partir
N'emporter que son cœur
Et n'emporter que lui
Mais aller voir ailleurs
Allons il faut partir
Trouver un paradis
Bâtir et replanter
Parfums, fleurs et chimères

Allons il faut partir
Sans haine et sans reproche
Des rêves plein les poches
Des éclairs plein la tête
Je veux quitter le port
J'ai l'âge des conquêtes
Partir est une fête
Rester serait la mort

Allons il faut partir
Peut-être délaisser
Les routes d'Amérique
Et les déserts peuplés

Allons il faut partir
Elle n'est plus chimérique
La voie des voies lactées
La lune s'est allumée.

CHANSON D'ADÉLAÏDE

Ecoutez
Bon Monsieur
Ma maman
Autrefois
Racontait
Qu'un enfant
De chez moi
Appelé
Yakumba
S'en voulait
S'en aller
S'envoler
Vers la lune
Il a cherché
Comment voler
Il a cherché
Comment monter
Et en cherchant
Il a rêvé
Il a rêvé
Il a chanté
Il a chanté

C'est en chantant
Qu'il s'est envolé vers la lune lentement
Qu'il s'est envolé vers la lune des enfants
C'est en chantant
Qu'il a plongé dans les étoiles étoilantes
Qu'il a plongé vers notre lune souriante
C'est en chantant
Car ce n'est qu'en chantant que vivent les enfants

Et les enfants
Ce sont tous ceux qui préfèrent vivre en chantant.

Les chœurs
C'est en chantant   C'est en chantant

Que tu monteras vers la lune lentement
Que tu monteras vers la lune des enfants

C'est en chantant   C'est en chantant

Que tu plongeras dans les étoiles étoilantes
Que tu plongeras vers notre lune souriante

C'est en chantant   C'est en chantant

Car ce n'est qu'en chantant que vivent les enfants

Et les enfants   **Et les enfants**
Ce sont tous ceux qui préfèrent
Vivre en chantant

C'est en chantant...

CHANSON DE CHRISTOPHE

Comme un autre Christophe
Qui s'appelait Colomb
Je vais découvrir d'autres mondes

Et d'abord nous verrons
Comme l'a vu Colomb
Que notre terre est toujours ronde

Et puis nous alunirons
Et puis découvrirons
Si cette dame est brune ou blonde

Comme un autre Christophe
Qui s'appelait Colomb
Je vais découvrir d'autres mondes

Viens avec moi petite sœur
Voici venu le temps des rêves
Voici fané le temps des pleurs

Viens avec moi et n'aie pas peur
C'est vers la lune qu'on s'élève
Vers cette lune petite sœur.

LA LEÇON DE GÉOGRAPHIE

— Est-ce cela la terre d'Arabie ?
— Mais non mais non c'est l'Amérique.
— Est-ce cela Paris la Magnifique ?
— Mais non mais non, c'est l'Australie.
— Et ce serpent à tête de boa ?
— Mais c'est le Nil et son delta.
— Et ces fourmis qui fourmillent à plein bras ?
— Ça c'est la Chine qu'on ne sait pas.
   ...
— Ce n'est point ça, la terre d'Arabie ?
— Mais non mais non c'est l'Amérique.
— Ce n'est point ça Paris la Magnifique ?
— Mais non mais non c'est l'Australie.

RÉCITATIF LUNAIRE

— Bonjour, Monsieur.
— Bonjour, Monsieur.
— D'où venez-vous, Monsieur?
— De la terre, Monsieur.
— Pardonnez-moi, Monsieur, si je ne vous comprends
— De la terre, Monsieur.
— Je suis heureux, Monsieur, de faire votre connaissance.
— Et moi de même, Monsieur. Seriez-vous de la lune?
— Et d'où serais-je, Monsieur?
    Tel que vous me voyez,
    Je suis parti de grand matin,
    C'était encore le clair de terre
    Je suis parti de grand matin
    A la pêche à rien
    Comme cela
    Dans le ciel
    Pour y chercher
    Une chose ou l'autre
    Qui ferait plaisir
    A l'un ou l'autre
    C'était mon anniversaire
    Voyez-vous
    Et sur la lune
    Il faut dire que
    C'est ainsi
    Le jour de son anniversaire
    On offre des cadeaux.
    Alors voilà
    Je suis parti
    A la pêche à rien
    Pour les trouver

Pour les cueillir
Et les offrir
Les petits riens
Qui font plaisir
— Et vous avez trouvé ?
— Au sud ou au nord
Qui cherche trouve
Et le ciel, cher Monsieur,
Est si grand et il se creuse encore.
Je vous salue, Monsieur.
— Je vous salue, Monsieur.
— Attendez !... Monsieur !... Comment vous
appelez-vous, Monsieur ?
— Samedi.
— Samedi, mon jour préféré !
— A vous revoir, Monsieur, à vous revoir Demoiselle.
— A vous revoir !

CHANSON DE VICTORINE
DIFFÉRENTS LUNAIRES, CHŒURS

Victorine Victorine Victorine
Victorine Victorine Victorine

Les chœurs

Je n'aime que le soleil
Je n'aime que la joie
Je serai celle de celui
Qui me plaira

Victorine Victorine   Victorine Victorine
Tu sais bien que c'est moi
Qui suis le plus fort
De tous les Luniens
Victorine Victorine   Victorine Victorine
Victorine tu le sais bien
Regarde mes bras
Victorine sois à moi

Je n'aime que le soleil
Je n'aime que la joie
Je serai celle de celui
Qui me plaira

Victorine Victorine   Victorine Victorine
Tu sais bien que c'est moi
Qui suis le plus drôle
De tous les Luniens
Victorine Victorine   Victorine Victorine
Victorine tu le sais bien
Regarde regarde-moi
Victorine sois à moi

Je n'aime que le soleil
Je n'aime que la joie
Je serai celle de celui
Qui me plaira

Victorine Victorine   Victorine Victorine
Tu sais bien que c'est moi
Qui suis le plus câlin
De tous les Luniens
Victorine Victorine   Victorine Victorine
Regarde mon chagrin
Victorine sois à moi

Victorine Victorine
Victorine tu le sais bien
Tu sais bien que c' n'est pas moi
Que tu épouseras
Victorine Victorine
Victorine regarde bien
Je ramène à bout de bras
Je ramène des Terriens

Oh !
Des Terriens !
Comme ils sont roses !
Comme ils sont gros !
Comme ils sont beaux !
Et si bien emballés !

Je t'aime plus que le soleil   Des Terriens, etc.
Je t'aime plus que la joie
Je serai celle de celui-ci
Quand il voudra

Explique, Samedi, explique, cher ami
Où tu fis cette pêche.

Je me promenais dans le ciel
De-ci de-là, de-là de-ci
Quand j'ai vu ces messieurs
Perdus dans les astres.
Je les interpellai

46

Et les pris en remorque
Pour vous les amener.
Ils me semblent courtois
Et vraiment distingués

Qu'ils sont beaux !
Qu'ils sont gros !
Et si bien emballés !
Peut-on toucher ?

CHANSON DE VICTORINE

J'ai beau être femme soldat
Saluer marcher au pas
Et au son du canon
J'ai beau être une femme troufion
Défiler trois par trois
Et au son des clairons

Je préfère encore n'est-ce pas
Je préfère encore je crois
La douceur, la langueur, la candeur, la luneur d'autrefois

J'ai beau être plus soldat qu' femme
Plus Monsieur que Madame
Moins jupe que pantalon
J'ai beau être femme colon
Médaillée depuis l' cou
Jusques au ceinturon

Je préfère encore n'est-ce pas
Je préfère encore je crois
La douceur, la langueur, la candeur, la luneur d'autrefois

Bien sûr je regrette le temps
Le temps de temps en temps
Bien sûr je regrette la chance
Du temps de mon enfance
Où nous étions romance

Oui je préfère encore n'est-ce pas
Je préfère encore je crois
La douceur, la langueur, la candeur, la luneur d'autrefois.

CHANSON DE COWBOY

Je bricolais
Du soir au matin
Du matin au toit
Du toit au jardin
Je bricolais
De tous mes dix doigts
Je bricolais
Mais je ne chantais pas

Je bricolais
Des caves aux greniers
Des greniers aux cages
Aux cages d'escaliers
Je bricolais
Depuis que j'étais né
Je bricolais
Mais je ne chantais pas

Un clou par ici
Un clou par là
Un clou pour ceci
Un clou pour cela.

Un petit coup de ciseau
Un petit bout de bois
Un petit coup de marteau
Et pan sur les doigts
Ah !

Je bricolais
Du soir au matin
Du matin au toit
Du toit au jardin
Je bricolais
De tous mes dix doigts
Je bricolais
Mais je ne chantais pas.

CHANSON DE COWBOY

Avant
Avant les grands orages
Avant
Tout est toujours repos
Avant
Avant les grands naufrages
Tout est toujours plus beau
Que
Jamais
Avant
Tout est toujours silence
Comme si
Le malheur qui balance...
Comme si...
Comme si...
Avant
Avant les grands orages
Avant
Tout est toujours si beau.

CHANSON DE CHRISTOPHE
POPS-COWBOY

Christophe

J'ai peur
Que tout ici bientôt ne sente
Le feu et l'alcool
J'ai peur

Christophe, Pops

J'ai peur
Que tout ici bientôt ne sente
Le sang et le pétrole
J'ai peur

Christophe, Pops, Cowboy

Comme si la terre
Ne vous suffisait plus
Pour faire vos bêtises

Comme si la terre
Ne vous suffisait plus
Pour parfaire
Votre folie.

FINALE

Adélaïde	*Chœurs*
Allons il faut finir	Il faut partir
Il faut finir ici partir recommencer	
Plus loin que la terre	
Allons il faut finir	Il faut finir
Refaire le Paradis, bâtir et replanter	
Parfums, fleurs et chimères.	
Allons il faut partir	Il faut partir
Repartir pour Cythère.	
Je propose Vénus	
Nous y serons voilés	
D'un anneau de chimères	
Chacunes et chacuns	
Bien mieux que sur la lune.	

Adélaïde, Christophe, Pops, Cowboy et Chœurs

Allons il faut partir
Emporter vos maisons, vos arbres, vos froidures,
Vos pluies et vos bonheurs.
Allons il faut partir
Emportez vos chansons, vos larmes et blessures,
Vos rires et vos cœurs.
Allons il faut partir
Vers une autre planète
Peu importe son nom
Les hommes semblent trop bêtes
Pour que nous demeurions
Chacunes et chacuns sur la lune.

Inédit.
© Famille Brel, 1982.

Chansons de films

POURQUOI FAUT-IL
QUE LES HOMMES S'ENNUIENT
Du film « Un roi sans divertissement »

Pourtant les hôtesses sont douces
Aux auberges bordées de neige
Pourtant patientent les épouses
Que les enfants ont prises au piège
Pourtant les auberges sont douces
Où le vin fait tourner manège
Pourquoi faut-il que les hommes s'ennuient

Pourtant les villes sont paisibles
Où tremblent cloches et clochers
Mais le diable dort-il sous la bible
Mais les rois savent-ils prier
Pourtant les villes sont paisibles
De blanc matin et blanc coucher
Pourquoi faut-il que les hommes s'ennuient

Pourtant il nous reste à rêver
Pourtant il nous reste à savoir
Et tous ces loups qu'il faut tuer
Tous ces printemps qu'il reste à boire
Désespérance ou désespoir
Il nous reste à être étonné
Pourquoi faut-il que les hommes s'ennuient

Pourtant il nous reste à tricher
Etre le pique et jouer cœur
Etre la peur et rejouer
Etre le diable et jouer fleur
Pourtant il reste à patienter
Bon an mal an on ne vit qu'une heure
Pourquoi faut-il que les hommes s'ennuient.

Inédit
℗ Famille Brel, 1964.

LES CŒURS TENDRES
Du film « Un idiot à Paris »

Y en a qui ont le cœur si large
Qu'on y entre sans frapper
Y en a qui ont le cœur si large
Qu'on n'en voit que la moitié
Y en a qui ont le cœur si frêle
Qu'on le briserait du doigt
Y en a qui ont le cœur trop frêle
Pour vivre comme toi et moi
Z'ont plein de fleurs dans les yeux
Les yeux à fleur de peur
De peur de manquer l'heure
Qui conduit à Paris

Y en a qui ont le cœur si tendre
Qu'y reposent les mésanges
Y en a qui ont le cœur trop tendre
Moitié homme et moitié ange
Y en a qui ont le cœur si vaste
Qu'ils sont toujours en voyage
Y en a qui ont le cœur trop vaste
Qu'ils sont toujours en voyage
Y en a qui ont le cœur trop vaste
Pour se priver de mirages
Z'ont plein de fleurs dans les yeux
Les yeux à fleur de peur
De peur de manquer l'heure
Qui conduit à Paris

Y en a qui ont le cœur dehors
Et ne peuvent que l'offrir
Le cœur tellement dehors

Qu'ils sont tous à s'en servir
Celui-là a le cœur dehors
Et si frêle et si tendre
Que maudits soient les arbres morts
Qui ne pourraient point l'entendre
A plein de fleurs dans les yeux
Les yeux à fleur de peur
De peur de manquer l'heure
Qui conduit à Paris.

Inédit
© Editions musicales Pouchenel,
Bruxelles, 1967.

ODE A LA NUIT
Du film « Le Temple du Soleil »

Les fleurs sauvages
Cachent leur âge
Sous leurs feuillages
Voici la nuit

Le feu s'étiole
De luciole
En luciole
Noire est la nuit

La lune passe
La lune glace
La lune efface
Froide est la nuit

L'aigle se terre
Parmi ses frères
En Cordillère
Longue est la nuit

Le serpent dort
Sur l'arbre mort
Que le temps mord
Morte est la nuit

Le fleuve roule
Qui se déroule
Et qui roucoule
Chante la nuit

La nuit protège
Le doux manège
Des tendres pièges
Folle est la nuit

Sur toutes choses
La nuit se pose
Et se repose
Longue est la nuit.

LA CHANSON DE ZORINO
Du film « Le Temple du Soleil »

Pourquoi faut-il qu'un Zorino s'en aille
Pourquoi faut-il mourir après la nuit
Pourquoi faut-il qu'un Zorino s'en aille
Qu'un Zorino quitte déjà la vie

Je n'étais rien encore
Et je ne s'rai plus rien
J'aimerais être fort
Pour entrer dans le noir
On a eu beau me dire
Que l'on vit pour la mort
J'aimerais tant vieillir
Plus longtemps que ce soir

Pourquoi faut-il qu'un Zorino s'en aille
Pourquoi faut-il qu'il meure après la nuit
Pourquoi faut-il qu'un Zorino s'en aille
Qu'un Zorino quitte déjà la vie.

© Ed. Belvision, Bruxelles 1969.

BUVONS UN COUP
Du film « Mon oncle Benjamin »

Je bois ! Il boit
Je bois à la divine médecine des urines

Je bois ! Il boit

Buvons un coup nom de Dieu la rirette
Buvons un coup et buvant tant et plus
Buvons un coup nom de Dieu la rirette
Buvons un coup, nous pisserons dru.

Inédit
© Famille Brel, 1970.

MOURIR POUR MOURIR
Du film « Mon oncle Benjamin »

Le cœur appuyé sur les amis de toujours
Mourir pour mourir
Je veux mourir de tendresse
Car mourir d'amour ce n'est mourir qu'à moitié
Je veux mourir ma vie avant qu'elle ne soit vieille
Entre le cul des filles et le cul des bouteilles.

Inédit
© Famille Brel, 1970.

LES PORTEURS DE RAPIÈRES
Du film « Mon oncle Benjamin »

Les porteurs de rapières
Peuplent les cimetières
Aussi vrai que saint Pierre
S'ennuie au paradis
Je veux que sur ma pierre
On écrive ceci
Il est mort sans colère
Benjamin Rathery.

Inédit
© Famille Brel, 1970.

LA CHANSON DE VAN HORST
Du film « Le Bar de la Fourche »

De Rotterdam à Santiago
Et d'Amsterdam à Varsovie
De Cracovie à San Diego
De drame en dame
Passe la vie
De peu à peu
De cœur en cœur
De peur en peur
De port en port
Le temps d'une fleur
Et l'on s'endort
Le temps d'un rêve
Et l'on est mort

De terre en terre
De place en place
De jeune vieille
En vieille grâce
De guerre en guerre
De guerre lasse
La mort nous veille
La mort nous glace

Mais !...
De bière en bière
De foire en foire
De verre en verre
De boire en boire
Je mords encore
A pleines dents
Je suis un mort
Encore vivant.

© Editions musicales Pouchenel, Hortensia
Bruxelles, Paris, 1972.

L'ENFANCE
Du film « Far West »

L'enfance,
Qui peut nous dire quand ça finit,
Qui peut nous dire quand ça commence,
C'est rien, avec de l'imprudence,
C'est tout ce qui n'est pas écrit,

L'enfance,
Qui nous empêche de la vivre
De la revivre infiniment,
De vivre à remonter le temps,
De déchirer la fin du livre

L'enfance,
Qui se dépose sur nos rides
Pour faire de nous de vieux enfants,
Nous revoilà jeunes amants,
Le cœur est plein, la tête est vide,
L'enfance, l'enfance,

L'enfance,
C'est encore le droit de rêver,
Et le droit de rêver encore,
Mon père était un chercheur d'or,
L'ennui, c'est qu'il en a trouvé,

L'enfance,
Il est midi tous les quarts d'heure,
Il est jeudi tous les matins,
Les adultes sont déserteurs,
Tous les bourgeois sont des Indiens,

L'enfance,
L'enfance.

Poème symphonique

Les trois histoires
de Jean de Bruges

LA BALEINE

A moi, à moi, Jean de Bruges
Grand quartier-maître sur la « Coquette »
Trente ans de mer et de tempêtes
A moi, Jean de Bruges,
A moi, tu offres un verre, blond et joufflu
Tu offres un verre, crémeux de bière
Et je te raconte aussitôt
Ma pêche avec un cachalot
Qui était bien le plus gros de la terre
Alors tu me l'offres ce verre ?

Jean de Bruges, voilà ton verre
Jean de Bruges, voilà ta bière
Le houblon te rendra causant
Tu mentiras plus aisément.

C'était une baleine énorme,
C'était une baleine énorme,
Longue comme un canal de pluie,
Large comme une brasserie
Avec des yeux comme des soleils
Comme vous n'en vîtes de pareils
C'était une baleine énorme, énorme.

Sur la « Coquette » priait tout le monde,
Cette baleine c'est la fin du monde
Hurlait, hurlait au mât de misaine
Hurlait, hurlait le capitaine
Mais c'est l'enfer et son démon
Hurlait, hurlait le moussaillon
Mais moi, mais moi

Sans peur au bout du pont
Avec mes couteaux et harpons,
Je lui ai sauté sur le dos
Frappé, tué
Plus de cachalot
Il a saigné, il a saigné,
On n'a pas pu le ramener,
C'était dans la mer d'Orient
Plus une seule baleine n'y bouge
Et cette mer, c'est la mer Rouge.

Ah Jean de Bruges,
Cette baleine, tu nous l'as bien tuée cent fois
Ah Jean de Bruges,
Cette baleine, elle est à nous autant qu'à toi.

LA SIRÈNE

A moi, à moi, Jean de Bruges,
Grand quartier-maître sur la « Coquette »,
Trente ans de mer et de tempêtes,
A moi, Jean de Bruges,
A moi, Jean de Bruges,
Tu offres un verre, blond et joufflu
Tu offres un verre, crémeux de bière
Et je te conte mes amours
Car nul n'a connu mes amours
Qui étaient bien les plus étranges de la terre
Alors tu me l'offres ce verre ?

Jean de Bruges, voilà ton verre,
Jean de Bruges, voilà ta bière,
Le houblon donne du sentiment,
Tu pleureras plus aisément.

C'était une sirène étrange,
C'était une sirène étrange,
Moitié sirène et moitié ange,
Cela faisait longtemps de temps,
Longtemps de temps, longtemps de vent
Qu'on l'entendait chanter la nuit
Et j'en pleurais comme aujourd'hui
Dieu, Dieu, sous la lune qu'elle était belle,
La mer lui servait de dentelle
Elle m'appelait, elle m'appelait,
Elle m'aimait comme je l'aimais
Un soir, un soir, lassé d'être Sœur Anne,
Un soir de langueur océane,
Je l'ai rejointe au coin d'une vague
Au loin s'endormait Copenhague.

L'OURAGAN

A moi, Jean de Bruges,
Grand quartier-maître sur la « Coquette »,
Trente ans de mer et de tempêtes,
A moi, Jean de Bruges,
A moi,
Tu offres un verre, blond et joufflu,
Tu offres un verre, crémeux de bière
Et je te conte un ouragan
Le plus terrible ouragan
Qui ait fait trembler la terre
Alors tu me l'offres ce verre ?

Jean de Bruges, voilà ton verre,
Jean de Bruges, voilà ta bière,
Le houblon donne de l'ardeur
Et tu pourras mieux nous faire peur.

Tudieu, tudieu, c'était un ouragan
D'abord le vent, un vent méchant,
Trop chaud, trop lourd, trop gris, trop fort,
Un vent hideux comme la mort,
Et puis la pluie, la pluie
Qui vient, qui va,
Qui cogne, qui mord, qui bat,
Une vraie pluie de Golgotha

Adieu mon Bruges,
Adieu Brugeois,
J'ai peur, je prie, je crie, j'ai froid,
J'ai cru mourir cette fois-là.
Alors est arrivée plus haute qu'un nuage

Et plus noire qu'un péché, plus longue qu'un voyage
Une vague bâtie et de roc et d'acier,
La forge qui avance comme l'animal blessé.
Soudain, elle s'est dressée sur ses vagues de derrière
La tête dans le ciel et les pieds dans l'enfer
Et puis en retombant la vague a tout brisé.
Des monts ont disparu, des océans sont nés
Et elle a fait une île,
En retombant sur terre
De ce faubourg de Bruges
Qu'on nomme l'Angleterre.

Jean de Bruges, ton ouragan
Va-t'en le raconter à Gand.
Bourgeois, passant, curé, vicaire,
Poète, marchand, soldat, notaire,
Si tu ne veux pas que l'on te gruge,
mieux vaut payer, payer à boire,
Avant l'histoire, qu'après l'histoire
de Jean de Bruges.

© Editions Pouchenel,
Bruxelles, 1965.

Textes de jeunesse inédits
1948 à 1953

BALLADE

Je voudrais un joli bateau
Pour m'amuser
Un beau bateau de bois doré
Pour faire la pêche à la morue

Je voudrais une jolie calèche
Pour me promener
Et pour éclabousser les filles
Qui dansent dans les avenues

Je voudrais que dans les tramways
On soit gentils
Qu'on dise merci et s'il vous plaît
Sur les plates-formes des tramways

Je voudrais que tous les clochards
Puissent chanter
Tôt le matin et tard le soir
Des airs de liberté

Je voudrais que dans les maisons
Ça sente bon
Le pain, la bière et le jambon
Qui se balance au plafond

Je voudrais un joli avion
Pour voir le Bon Dieu
Un bel avion souple et léger
Qui m'emmènerait haut dans les cieux

Et je voudrais que les petits enfants
Ne soient pas méchants
Et que leurs rires, comme des jets d'eau
Rafraîchissent l'humanité.

Inédit

LE TROUBADOUR

Je suis un vieux troubadour
Qui a conté beaucoup d'histoires
Histoires gaies, histoires d'amour
Et sans jamais beaucoup y croire

J'ai chanté comme un grand livre
Dont chaque page était un rire
J'ai chanté la joie de vivre
En attendant celle de mourir

J'ai chanté mes belles idées
Mais lorsque je dus les dire
Ce qui en chant était léger
En paroles vous fit rire

J'ai chanté l'idéal aux enfants
Pour leur donner un peu d'espoir
En me disant qu'en le chantant
Je pourrais bien un jour y croire

J'ai chanté un chant d'amitié
Qui était fait de mon cœur
Nous le criâmes souvent en chœur
Mais j'étais seul à le chanter

J'aurais voulu lever le monde
Rien que pour lui, par bonté
J'aurais voulu lever le monde
Mais c'est le monde qui m'a couché

Je suis un vieux troubadour
Qui chante encore pour chanter
Des histoires, histoires d'amour
Pour faire croire qu'il est gai

Un troubadour désenchanté
Qui par une habitude vaine
Chante encore l'amitié
Pour ne pas chanter la haine.

Inédit
© Famille Brel, 1953.

BRUXELLES

Le soir à Bruxelles, les étincelles
Des trams se voient de loin
Comme se voient les éclairs
Quand on coupe les foins
Et la place de Brouckère
Aux serpents de néon
Inscrit rouge dans le ciel
Sur les nuages le nom de Bruxelles

Il y a la jonction comme un canal
Qu'on aurait creusé à l'envers
Fait divers
Peu banal
Il y a le Jardin Botanique
Qui fait la nique
Aux garçons de St-Louis
Qui attendent sous la pluie
Les filles dont ils ont rêvé
Devant le phare du Bon Marché
Qui ne cesse, qui ne cesse de tourner
De tourner, de tourner

Tournées généreuses de Kriek Lambic
De verres de gueuze
Sortis d'alambic
De chez nous.

Inédit
© Famille Brel, 1953.

DE DEUX VIEILLES NOTES

De deux vieilles notes trouvées dans ma mémoire
J'aurais voulu faire une chanson
Une chanson ni trop triste, ni trop noire
Une chanson d'amour

De deux vieilles notes trouvées dans ma mémoire
J'aurais voulu faire une chanson
Ma mie toujours

J'aurais voulu y décrire ton visage
J'aurais voulu parler de tes cheveux
Mais je n'ai pas pu
Retrouver l'image de ton visage
Ni l'éclat de tes yeux

J'aurais voulu y mettre de l'espoir
J'aurais voulu y mettre de l'amour
Mais je n'ai pas cru
En la force de l'amour

Ah, le temps s'en vient
Le temps s'en va vite
La vie qui s'en vient et qui s'en va
Nous laisse pantois
Comme des chiens
Qui s'en vont, qui s'en viennent dans le loin

De deux vieilles notes trouvées dans ma mémoire
J'aurais voulu faire une chanson
Pardonnez-moi.

Inédit
© Famille Brel, 1953.

LES PAVÉS

J'aime les pavés de ma rue
Petite rue gentille
Où l'on voit les filles
Qui pendent le linge tout blanc
Aux balcons des cours, en riant
Aux garçons qui leur parlent d'amour

J'aime les pavés de ma rue
Ils ont conduit tout petit
Mes petits pas de souris
Au pensionnat du Sacré-Cœur
Ah, je me souviens de l'école
et des Sœurs
Cornettes en auréoles

Et, plus tard, quand on allait danser
Dans les bars du quartier
Les pavés
Aux joues humides de rosée
Ont porté nos pas titubants
En chantant
Les chansons que font sur leur dos
Les sabots des chevaux

J'aime les pavés de ma rue
Ils ont connu ma mie
La belle Lucie
Le jour où on s'est fiancés
Il y avait juste assez de soleil
Pour aimer
Que les autres jours soient pareils

J'aime les pavés de ma rue
Leurs ventres sales ont porté
Feuilles mortes d'été
Mes lettres d'amour jolies
Par la belle jetées au vent
Emouvants
Souvenirs d'une vie

J'aime les pavés de ma rue
Je leur demande souvent
Comme un petit enfant
De ne pas crier trop fort
Sous le chariot qui portera
Mon corps
Dans sa caisse de bois

Pour ne pas troubler ma rue
Petite rue gentille
Où l'on voit les filles...

Inédit
© Famille Brel, 1953.

L'ORAGE

Le ciel
Le ciel est chargé
De nuages bas
La pluie va tomber
Sur nos mains sur nos bras *(bis)*

Le vent
Le vent crie de loin
Sa plainte sonore
Comme un hymne ancien
Que pleurent les morts *(bis)*

La pluie
La pluie est jolie
La pluie qui étincelle
A comme ma mie
Un rire de crécelle *(bis)*

L'onde
C'est l'onde qui monte
Au fond du valon
L'onde douce et blonde
Odeur de moisson *(bis)*

Les bêtes
Les bêtes s'enfuient
Par prés et par chemins
Les bêtes s'enfuient
Noé tu es loin *(bis)*

Les fleurs
Les fleurs ferment leur cœur
Avec leurs pétales
Comme se cachent les pleurs
Dans les yeux d'une femme *(bis)*

Les hommes
Derrière leurs tambours
De vitres polies
Cachent leurs amours
Et cachent leurs vies *(bis)*

J'ai peur
J'ai peur de la pluie
J'ai peur du vent
J'ai peur de la vie
J'ai peur Oh maman *(bis)*.

Inédit
© Famille Brel, 1953.

LES DEUX FAUTEUILS

J'ai retrouvé deux fauteuils verts
Dans mon grenier tout dégoûtants,
C'est le fauteuil de mon grand-père
Et le fauteuil de grand-maman

L'un est usé jusqu'à la corde
Souvent l'on dormit dans ses bras
Il est lourd de la sueur qu'il porte
C'est le fauteuil de grand-papa

L'autre presque neuf n'a deci, delà
Que quelques taches d'argent
Sur le dossier et sur les bras
Grand-mère y a pleuré dedans

Tout petit home de grande joie
Vous les connûtes encore amants
Se tenant tendrement les doigts
Disant les mots qu'on aime tant

J'ai retrouvé deux fauteuils verts
Dans mon grenier tout dégoûtants
C'est le fauteuil de mon grand-père
Et le fauteuil de Grand-Maman.

Inédit
© Famille Brel, 1953.

NE PENSEZ PAS

refrain :

Jeunes filles de maintenant
Jeunes filles ne pensez pas
Enlever le cœur d'un galant
Jeunes filles en enlevant vos bas

Distrayez donc vieillards, collégiens boutonneux
Par l'offrande malhabile de charmes renfloués
Par vos cils allongés et vos battements d'yeux
Faites rêver la nuit, gâteux et refoulés

Dans les bars de quartier, discutez politique
Dites rose, dites blanc, montrez vos arguments
Remplacez la culture par vos airs impudiques
Et l'esprit par vos cuisses, et l'amour par l'argent

Faites rire et pleurer, ennuyez les garçons
Faites sauter, tourner, dites oui, dites non
A force de jouer cache-cache avec l'amour
L'amour se cachera et vous jouera ses tours.

Inédit
© Famille Brel, 1953.

LES GENS

Belle Jeannette a fauté, je n'en dis pas davantage
Car cela peut arriver à toutes les filles de son âge
Mais lorsque sa mère apprit qu'elle allait être grand-mère
Retentirent tous les cris d'une majuscule colère
Vous parlez, ma bonne dame, de vice, d'immoralité
Mais faites-vous donc un drame des amants que vous avez

refrain :

Les gens qui ont bonne conscience dans les rues, le soir
Les gens qui ont bonne conscience ont souvent
[mauvaise mémoire

Et ceux qui se disent beaux parce qu'ils sont des idiots
Et ceux qui se disent malins parce qu'ils ne sont que laids
Et ceux qui se disent heureux parce qu'ils sont des bigots
Et ceux qui se disent bons parce qu'ils sont des niais
Ceux qui ont la tête haute parce qu'ils ont tout appris
Et qui ont l'âme sereine parce qu'ils n'ont rien compris.

Inédit
© Famille Brel, 1953.

DÉPARTS

Toutes les amitiés
Qu'on laisse mourir
Qu'on laisse tomber
Pour aller courir
Sur de vains chemins
Cherchant pas à pas
Un bonheur humain
Qu'on ne connaît pas
Amitiés anciennes
Vieilles comme la vie
Idées faites siennes
Et que l'on renie
Visage sans nom
Prénom sans visage
Rires que nous perdons
Inutiles bagages

Tous les « au revoir »
Qu'on lance à la ronde
Parce qu'on croit devoir
Parcourir le monde
Et tous les adieux
Aux filles donnés
C'est trop d'être d'eux
Allant guerroyer
Les bonheurs qu'on sème
A chaque départ
Meurent vite d'eux-mêmes

Sur les quais des gares
Tous les « au revoir »
Et tous les adieux
Nous rendent l'espoir
Nous rendent plus vieux.

Inédit
© Famille Brel, 1954.

Chansons

IL Y A

Il y a tant de brouillard dans les ports, au matin
Qu'il n'y a de filles dans le cœur des marins
Il y a tant de nuages qui voyagent là-haut
Qu'il n'y a d'oiseaux
Il y a tant de labours il y a tant de semences
Qu'il n'y a de joie d'espérance
Il y a tant de ruisseaux il y a tant de rivières
Qu'il n'y a de cimetières

    Mais il y a tant de bleu dans les yeux de ma mie
    Il y a dans ses yeux tant de vie
    Il y a dans ses cheveux un peu d'éternité
    Sur sa lèvre tant de gaieté

Il y a tant de lumières dans les rues des cités
Qu'il n'y a d'enfants désolés
Il y a tant de chansons perdues dans le vent
Qu'il n'y a d'enfants
Il y a tant de vitraux, il y a tant de clochers
Qu'il n'y a de voix qui nous disent d'aimer
Il y a tant de canaux qui traversent la terre
Qu'il n'y a de rides au visage des mères.

LA FOIRE

refrain :

J'aime la foire où pour trois sous
L'on peut se faire tourner la tête
Sur les manèges aux chevaux roux
Au son d'une musique bête

Les lampions jettent au firmament
Alignés en nombres pairs
Comme des sourcils de géant
Leurs crachats de lumière
Les moulins tournent, tournent sans trêve
Emportant tout notre argent
Et nous donnant un peu de rêve
Pour que les hommes soient contents

Ça sent la graisse où dansent les frites
Ça sent les frites dans les papiers
Ça sent les beignets qu'on mange vite
Ça sent les hommes qui les ont mangés
Partout je vois à petits pas
Des couples qui s'en vont danser
Mais moi sûrement je n'irai pas
Grand-mère m'a dit de me méfier

Et lorsque l'on n'a plus de sous
Pour se faire tourner la tête
Sur les manèges aux chevaux roux
Au son d'une musique bête
On rentre chez soi lentement
Et tout en regardant les cieux
On se demande simplement
S'il n'existe rien de mieux.

World Music, Bruxelles, 1953.

LA HAINE

Comme un marin je partirai
Pour aller rire chez les filles
Et si jamais tu en pleurais
Moi, j'en aurais l'âme ravie
Comme un novice je partirai
Pour aller prier le Bon Dieu
Et si jamais tu en souffrais
Moi, je n'en prierais que mieux

Tu n'as commis d'autre péché
Que de distiller chaque jour
L'ennui et la banalité
Quand d'autres distillent l'amour
Et mille jours pour une nuit
Voilà ce que tu m'as donné
Tu as peint notre amour en gris
Terminé notre éternité

Comme un ivrogne je partirai
Pour aller gueuler ma chanson
Et si jamais tu l'entendais
J'en remercierais le démon
Comme un soldat je partirai
Mourir comme meurent les enfants
Et si jamais tu en mourais
J'en voudrais revenir vivant

Et toi tu pries et toi tu pleures
Au long des jours au long des ans
C'est comme si avec des fleurs
On resoudait deux continents

L'amour est mort vive la haine
Et toi matériel déclassé
Va-t'en donc accrocher ta peine
Au musée des amours ratées.

© Nouvelles Editions musicales Caravelle,
Paris, 1953.

GRAND JACQUES
(C'est trop facile)

C'est trop facile d'entrer aux églises
De déverser toutes ses saletés
Face au curé qui dans la lumière grise
Ferme les yeux pour mieux nous pardonner

    Tais-toi donc, grand Jacques
    Que connais-tu du Bon Dieu
    Un cantique, une image
    Tu n'en connais rien de mieux

C'est trop facile quand les guerres sont finies
D'aller gueuler que c'était la dernière
Ami bourgeois vous me faites envie
Vous ne voyez donc point vos cimetières ?

    Tais-toi donc grand Jacques
    Et laisse-les donc crier
    Laisse-les pleurer de joie
    Toi qui ne fus même pas soldat

C'est trop facile quand un amour se meurt
Qu'il craque en deux parce qu'on l'a trop plié
D'aller pleurer comme les hommes pleurent
Comme si l'amour durait l'éternité

    Tais-toi donc grand Jacques
    Que connais-tu de l'amour
    Des yeux bleus, des cheveux fous
    Tu n'y connais rien du tout

Et dis-toi donc grand Jacques
Dis-le-toi souvent
C'est trop facile,
De faire semblant.

(bis)

LE DIABLE
(Ça va)

Prologue

Un jour le Diable vint sur terre, un jour le Diable vint sur terre pour surveiller ses intérêts, il a tout vu le Diable, il a tout entendu, et après avoir tout vu, après avoir tout entendu, il est retourné chez lui, là-bas.

Et là-bas, on avait fait un grand banquet, à la fin du banquet, il s'est levé le Diable, il a prononcé un discours et en substance il a dit ceci, il a dit :

Il y a toujours un peu partout
Des feux illuminant la terre
Ça va
Les hommes s'amusent comme des fous
Aux dangereux jeux de la guerre
Ça va
Les trains déraillent avec fracas
Parce que les gars pleins d'idéal
Mettent des bombes sur les voies
Ça fait des morts originales
Ça fait des morts sans confession
Des confessions sans rémission
Ça va

Rien ne se vend mais tout s'achète
L'honneur et même la sainteté
Ça va
Les Etats se muent en cachette
En anonymes sociétés
Ça va
Les grands s'arrachent les dollars
Venus du pays des enfants

L'Europe répète l'Avare
Dans un décor de mil neuf cent
Ça fait des morts d'inanition
Et l'inanition des nations
Ça va

Les hommes ils en ont tant vu
Que leurs yeux sont devenus gris
Ça va
Et l'on ne chante même plus
Dans toutes les rues de Paris
Ça va
On traite les braves de fous
Et les poètes de nigauds
Mais dans les journaux de partout
Tous les salauds ont leur photo
Ça fait mal aux honnêtes gens
Et rire les malhonnêtes gens.
Ça va ça va ça va ça va.

IL NOUS FAUT REGARDER

Derrière la saleté.
S'étalant devant nous
Derrière les yeux plissés
Et les visages mous
Au-delà de ces mains
Ouvertes ou fermées
Qui se tendent en vain
Ou qui sont poings levés
Plus loin que les frontières
Qui sont de barbelés
Plus loin que la misère
Il nous faut regarder

Il nous faut regarder
Ce qu'il y a de beau
Le ciel gris ou bleuté
Les filles au bord de l'eau
L'ami qu'on sait fidèle
Le soleil de demain
Le vol d'une hirondelle
Le bateau qui revient

Par-delà le concert
Des sanglots et des pleurs
Et des cris de colère
Des hommes qui ont peur
Par-delà le vacarme
Des rues et des chantiers
Des sirènes d'alarme
Des jurons de charretier
Plus fort que les enfants

Qui racontent les guerres
Et plus fort que les grands
Qui nous les ont fait faire

Il nous faut écouter
L'oiseau au fond des bois
Le murmure de l'été
Le sang qui monte en soi
Les berceuses des mères
Les prières des enfants
Et le bruit de la terre
qui s'endort doucement.

C'EST COMME ÇA

Dans les campagnes il y a les filles
Les filles qui vont chercher l'eau
A tire larigo
Les filles font la file, gentilles
Et tout en parlant tout haut
Les filles font la file, gentilles
Et tout en parlant tout haut
Du feu et de l'eau

refrain :

C'est comme çà depuis que le monde tourne
Y'a rien à faire pour y changer
C'est comme çà depuis que le monde tourne
Et y vaut mieux pas y toucher

Près des filles, il y a des garçons
Les longs, les minces et les gras
Qui rigolent tout bas
Les noirs, les roux et les blonds
Qui parlent de leurs papas   *(bis)*
Et des yeux de Louisa

Près des garçons, y'a les papas
Qui ont l'air graves et sévères
Et qui sentent la bière
Ils crient pour n'importe quoi
Et sortent le soir par-derrière   *(bis)*
Pour jouer au poker

Dans les cafés, y'a les copains
Et les verres qu'on boit avide

Y'a aussi les verres vides
Et les copains qu'on aime bien
Vous font rentrer à l'aube livide   *(bis)*
Toutes les poches vides

Près des copains, il y a la ville
La ville immense et inutile
Où je me fais de la bile
La ville avec ses plaisirs vils
Qui pue l'essence d'automobile   *(bis)*
Ou la guerre civile

Près de la ville, il y a la campagne
Où les filles brunes ou blondes
Dansent à la ronde
Et par la plaine par la montagne
Laissons-les fermer la ronde   *(bis)*
Des braves gens du monde.

IL PEUT PLEUVOIR

refrain :

Il peut pleuvoir sur les trottoirs
Des grands boulevards
Moi, je m'en fiche
J'ai ma mie auprès de moi
Il peut pleuvoir sur les trottoirs
Des grands boulevards
Moi je m'en fiche
Car ma mie c'est toi

Et au soleil là-haut
Qui nous tourne le dos
Dans son halo de nuages
Et au soleil là-haut
Qui nous tourne le dos
Moi, je crie bon voyage

Aux flaques d'eau qui brillent
Sous les jambes des filles
Aux néons étincelants
Qui lancent à l'envi
Leurs postillons de pluie
Je crie en rigolant

Et aux gens qui s'en viennent
Et aux gens qui s'en vont
Travailler et tourner en rond
Et aux gens qui s'en viennent
Et aux gens qui s'en vont
Moi, je crie à pleins poumons

refrain :

Il y a plein d'espoir
Sur les trottoirs des grands boulevards
Et j'en suis riche
J'ai ma mie auprès de moi
Il y a plein d'espoir
sur les trottoirs des grands boulevards
Et j'en suis riche
Car ma mie c'est toi.

LE FOU DU ROI

Il était un fou du roi
Qui vivait l'âme sereine
En un château d'autrefois
Pour l'amour d'une reine

refrain :

Et vivent les bossus ma mère
Et vivent les pendus $\Big\}$ *(bis)*

Il y eut une grande chasse
Où les nobles deux par deux
Tous les dix mètres s'embrassent
En des chemins qu'on dit creux

Lorsque le fou vit la reine
Courtisée par un beau comte
Il s'enfut le cœur en peine
Dans un bois pleurer sa honte

Lorsque trois jours furent passés
Il revint vers le château
Et alla tout raconter
Dans sa tour au roi là-haut

Devant tout ce qu'on lui raconte
Tout un jour le roi a ri
Il fit décorer le comte
Et c'est le fou qu'on pendit

La morale de cette histoire
C'est qu'il n'a pas fallu qu'on poirote
Après Gide ou après Cocteau
Pour avoir des histoires idiotes.

SUR LA PLACE

Sur la place chauffée au soleil
Une fille s'est mise à danser
Elle tourne toujours pareille
Aux danseuses d'antiquités
Sur la ville il fait trop chaud
Hommes et femmes sont assoupis
Et regardent par le carreau
Cette fille qui danse à midi

refrain :

Ainsi certains jours paraît
Une flamme à nos yeux
A l'église où j'allais
On l'appelait le Bon Dieu
L'amoureux l'appelle l'amour
Le mendiant la charité
Le soleil l'appelle le jour
Et le brave homme la bonté

Sur la place vibrante d'air chaud
Où pas même ne paraît un chien
Ondulante comme un roseau
La fille bondit s'en va s'en vient
Ni guitare ni tambourin
Pour accompagner sa danse
Elle frappe dans ses mains
Pour se donner la cadence

Sur la place où tout est tranquille
Une fille s'est mise à chanter
Et son chant plane sur la ville

Hymne d'amour et de bonté
Mais sur la ville il fait trop chaud
Et pour ne point entendre son chant
Les hommes ferment leurs carreaux
Comme une porte entre morts et vivants

refrain :

Ainsi certains jours paraît
Une flamme en nos cœurs
Mais nous ne voulons jamais
Laisser luire sa lueur
Nous nous bouchons les oreilles
Et nous nous voilons les yeux
Nous n'aimons pas les réveils
De notre cœur déjà vieux

Sur la place un chien hurle encore
Car la fille s'en est allée
Et comme le chien hurlant la mort
Pleurent les hommes leur destinée.

IL PLEUT

Il pleut
C'est pas ma faute à moi
Il pleut
Les carreaux de l'usine
Sont toujours mal lavés
Il pleut
Les carreaux de l'usine
Y'en a beaucoup de cassés

Les filles qui vont danser ne me regardent pas
Car elles s'en vont danser avec tous ceux-là
Qui savent leur payer pour pouvoir s'amuser
Des fleurs de papier ou de l'eau parfumée
Les filles qui vont danser ne me regardent pas
Car elles s'en vont danser avec tous ceux-là

Les escaliers qui montent ils sont toujours pour moi
Les corridors crasseux sont les seuls que je vois
Mais quand je suis seul sous les toits
Avec le soleil, avec les nuages
J'entends la rue pleurer
Je vois les cheminées de la ville fumer
Doucement
Dans mon ciel à moi
La lune danse pour moi le soir
Elle danse, danse, elle danse, danse
Et son haleine, immense halo, me caresse
Le ciel est pour moi
Je m'y plonge le soir
Et y plonge ma peine.

Il pleut
Et c'est ma faute à moi
Il pleut
Les carreaux de l'usine
Moi j'irai les casser.

LA BASTILLE

Mon ami qui croit
Que tout doit changer
Te crois-tu le droit
De t'en aller tuer
Les bourgeois.
Si tu crois encore qu'il nous faut descendre
Dans le creux des rues pour monter au pouvoir
Si tu crois encore au rêve du grand soir
Et que nos ennemis il faut aller les pendre

Dis-le-toi désormais
Même s'il est sincère
Aucun rêve jamais
Ne mérite une guerre

> *refrain :*
>
> On a détruit la Bastille
> Et ça n'a rien arrangé
> On a détruit la Bastille
> Quand il fallait nous aimer

Mon ami qui croit
Que rien ne doit changer
Te crois-tu le droit
De vivre et de penser
En bourgeois
Si tu crois encore qu'il nous faut défendre
Un bonheur acquis au prix d'autres bonheurs
Si tu crois encore que c'est parce qu'ils ont peur
Que les gens te saluent plutôt que de te pendre

Dis-le-toi désormais
Même s'il est sincère
Aucun rêve jamais ne mérite une guerre

refrain :

On a détruit la Bastille
Et ça n'a rien arrangé
On a détruit la Bastille
Quand il fallait nous aimer

Mon ami je crois
Que tout peut s'arranger
Sans cris, sans effroi
Même sans insulter
Les bourgeois
L'avenir dépend des révolutionnaires
Mais se moque bien des petits révoltés
L'avenir ne veut ni feu ni sang, ni guerre
Ne sois pas de ceux-là qui vont nous les donner

Hâtons-nous d'espérer
Marchons au lendemain
Tendons une main
Qui ne soit pas fermée

refrain :

On a détruit la Bastille
Et ça n'a rien arrangé
On a détruit la Bastille
Ne pourrait-on pas s'aimer ?

© Ed. Paris Mélodies, Paris, 1955

S'IL TE FAUT

Tu n'as rien compris

S'il te faut des trains pour fuir vers l'aventure
Et de blancs navires qui puissent t'emmener
Chercher le soleil à mettre dans tes yeux
Chercher des chansons que tu puisses chanter
Alors...

S'il te faut l'aurore pour croire au lendemain
Et des lendemains pour pouvoir espérer
Retrouver l'espoir qui t'a glissé des mains
Retrouver la main que ta main a quittée
Alors...

S'il te faut des mots prononcés par des vieux
Pour te justifier tous tes renoncements
Si la poésie pour toi n'est plus qu'un jeu
Si toute ta vie n'est qu'un vieillissement
Alors...

S'il te faut l'ennui pour te sembler profond
Et le bruit des villes pour saouler tes remords
Et puis des faiblesses pour te paraître bon
Et puis des colères pour te paraître fort
Alors...

Alors, tu n'as rien compris.

QU'AVONS-NOUS FAIT,
BONNES GENS

Qu'avons-nous fait bonnes gens dites-moi
De la bonté du monde
On l'aurait cachée au fond d'un bois
Que ça ne m'étonnerait guère
On l'aurait enfouie dix pieds sous terre
Que ça ne m'étonnerait pas
Et c'est dommage de ne plus voir
A chaque soir chaque matin
Sur les routes sur les trottoirs
Une foule de petits saint Martin

Qu'avons-nous fait, bonnes gens, dites-moi
De tout l'amour du monde
On l'aurait vendu pour je n'sais quoi
Que ça ne m'étonnerait guère
On l'aurait vendu pour faire la guerre
Que ça ne m'étonnerait pas
Et c'est dommage de ne plus voir
Les amoureux qui ont vingt ans
Se conter mille et une histoires
Ne brûlent plus les feux de la Saint-Jean

Mais nous retrouverons, bonnes gens, croyez-moi
Toutes ces joies profondes
On les retrouverait au fond de soi
Que ça ne m'étonnerait guère
On les retrouverait sous la poussière
Que ça ne m'étonnerait pas
Et c'est tant mieux
On pourra voir
Enfin d'autres que les fous

Chanter l'amour chanter l'espoir
Et les chanter avec des mots à vous.
Qu'attendons-nous bonnes gens dites-moi
Pour retrouver ces choses
Qu'attendons-nous bonnes gens, dites-le-moi.

PARDONS

Pardon pour cette fille
Que l'on a fait pleurer
Pardon pour ce regard
Que l'on quitte en riant
Pardon pour ce visage
Qu'une larme a changé
Pardon pour ces maisons
Où quelqu'un nous attend
Et puis pour tous ces mots
Que l'on dit mots d'amour
Et que nous employons
En guise de monnaie
Et pour tous les serments
Qui meurent au petit jour
Pardon pour les jamais
Pardon pour les toujours

Pardon de ne plus voir
Les choses comme elles sont
Pardon d'avoir voulu
Oublier nos vingt ans
Pardon d'avoir laissé
S'oublier nos leçons
Pardon de renoncer
A nos renoncements
Et puis de se terrer
Au milieu de sa vie
Et puis de préférer
Le salaire de Judas
Pardon pour l'amitié
Pardon pour les amis.

Pardon pour les hameaux
Qui ne chantent jamais
Pardon pour les villages
Que l'on a oubliés
Pardon pour les cités
Où nul ne se connaît
Pardon pour les pays
Faits de sous-officiers
Pardons d'être de ceux
Qui se foutent de tout
Et de ne pas avoir
Chaque jour essayé
Et puis pardon encore
Et puis pardon surtout
De ne jamais savoir
Qui doit nous pardonner.

LES PIEDS
DANS LE RUISSEAU

refrain :

Les pieds dans le ruisseau
Moi je regarde couler la vie
Les pieds dans le ruisseau
Moi je regarde sans dire un mot

Les gentils poissons me content leurs vies
En faisant des ronds sur l'onde jolie
Et moi je réponds, en gravant dans l'eau
Des mots jolis mots mots de ma façon

Au fil du courant s'efface une lettre
Lettre d'un amant disparu peut-être
Ah, que je voudrais trouver près de moi
Une fille dont je pourrais caresser les doigts

Et quand le crapaud berce au crépuscule
Parmi les roseaux dame libellule
Penchant mon visage au-dessus de l'eau
Je vois mon image moi je vois l'idiot.

QUAND ON N'A QUE L'AMOUR

Quand on n'a que l'amour
A s'offrir en partage
Au jour du grand voyage
Qu'est notre grand amour
Quand on n'a que l'amour
Mon amour toi et moi
Pour qu'éclatent de joie
Chaque heure et chaque jour
Quand on n'a que l'amour
Pour vivre nos promesses
Sans nulle autre richesse
Que d'y croire toujours
Quand on n'a que l'amour
Pour meubler de merveilles
Et couvrir de soleil
La laideur des faubourgs
Quand on n'a que l'amour
Pour unique raison
Pour unique chanson
Et unique secours

Quand on n'a que l'amour
Pour habiller matin
Pauvres et malandrins
De manteaux de velours
Quand on n'a que l'amour
A offrir en prière
Pour les maux de la terre
En simple troubadour
Quand on n'a que l'amour
A offrir à ceux-là

Dont l'unique combat
Est de chercher le jour
Quand on n'a que l'amour
Pour tracer un chemin
Et forcer le destin
A chaque carrefour
Quand on n'a que l'amour
Pour parler aux canons
Et rien qu'une chanson
Pour convaincre un tambour

Alors sans avoir rien
Que la force d'aimer
Nous aurons dans nos mains
Amis le monde entier.

HEUREUX

Heureux qui chante pour l'enfant
Et qui sans jamais rien lui dire
Le guide au chemin triomphant
Heureux qui chante pour l'enfant
Heureux qui sanglote de joie
Pour s'être enfin donné d'amour
Ou pour un baiser que l'on boit
Heureux qui sanglote de joie

Heureux les amants séparés
Et qui ne savent pas encor
Qu'ils vont demain se retrouver
Heureux les amants séparés
Heureux les amants épargnés
Et dont la force de vingt ans
Ne sert à rien qu'à bien s'aimer
Heureux les amants épargnés

Heureux les amants que nous sommes
Et qui demain loin l'un de l'autre
S'aimeront s'aimeront
Par-dessus les hommes.

LES BLÉS

Donne-moi la main
Le soleil a paru
Il nous faut prendre le chemin
Le temps des moissons est venu
Le blé nous a trop attendus
Et nous attendons trop de pain
Ta main sur mon bras
Pleine de douceur
Bien gentiment demandera
De vouloir épargner les fleurs
Ma faucille les évitera
Pour éviter que tu ne pleures

refrain :

Les blés sont pour la faucille
Les soleils pour l'horizon
Les garçons sont pour les filles
Et les filles pour les garçons
Les blés sont pour la faucille
Les soleils pour l'horizon
Les garçons sont pour les filles
Et les filles pour les garçons

Donne-moi tes yeux
Le soleil est chaud
Et dans ton regard lumineux
Il a fait jaillir des jets d'eau
Qui mieux qu'un geste mieux qu'un mot
Rafraîchiront ton amoureux

Penchée vers le sol
Tu gerbes le blé
Et si parfois ton jupon vole
Pardonne-moi de regarder
Les trésors que vient dévoiler
Pour mon plaisir le vent frivole

Donne-moi ton cœur
Le soleil fatigué
S'en est allé chanter ailleurs
La chanson des blés moissonnés
Venu est le temps de s'aimer
Il nous faut glaner le bonheur
Ecrasé d'amour
Ebloui de joie
Je saluerai la fin du jour
En te serrant tout contre moi
Et tu combleras mon émoi
En me disant que pour toujours.

refrain

© Les Nouvelles Editions musicales Caravelle,
Paris, 1956.

CE QU'IL VOUS FAUT

Vous jeunesse folle
Qui jouez aux jeux de l'ennui
Passé est le temps de l'école
Ecoutez donc ma philosophie

Ce qu'il vous faut ce sont des chansons
Que le matin mettra sur vos lèvres
Ce qu'il vous faut quand le jour se lève
C'est que l'amour vous chante sa chanson
Ce qu'il vous faut mais ce sont des rues
Pleines de cris de rires d'enfants
Ce qu'il vous faut c'est croire au printemps
Qui vous fera chanter dans les rues

Vous gens raisonnables
Que la raison a fatigués
Fatiguez-vous à être aimables
Et laissez-moi vous expliquer

Ce qu'il vous faut mais c'est être fou
Fou de la vie fou de ses chemins
Ce qu'il vous faut ne penser à rien
Afin de pouvoir jour et nuit rester fou
Ce qu'il vous faut ce sont des maisons
Faites de joie faites de soleil
Ce qu'il vous faut ce sont des merveilles
Que l'on mettra dans toutes les maisons

Vous Mademoiselle
Si vos yeux bleus deviennent gris
Et s'ils ne voient plus d'hirondelles
C'est qu'on ne vous a jamais dit

Ce qu'il vous faut mais c'est de l'amour
L'amour qui vient embraser les cœurs
Ce qu'il vous faut c'est un peu de bonheur
Afin de pouvoir conserver nos amours
Ce qu'il vous faut il nous faut rêver
Aller joyeux vers les lendemains
Ce qu'il vous faut c'est prendre une main
Afin qu'à deux nous puissions rêver.

PRIÈRE PAÏENNE

N'est-il pas vrai Marie que c'est prier pour vous
Que de lui dir' « Je t'aime » en tombant à genoux
N'est-il pas vrai Marie que c'est prier pour vous
Que pleurer de bonheur en riant comme un fou
Que couvrir de tendresse nos païennes amours
C'est fleurir de prières chaque nuit chaque jour

N'est-il pas vrai Marie que c'est chanter pour vous
Que semer nos chemins de simple poésie
N'est-il pas vrai Marie que c'est chanter pour vous
Que voir en chaque chose une chose jolie
Que chanter pour l'enfant qui bientôt nous viendra
C'est chanter pour l'Enfant qui repose en vos bras.

N'est-il pas vrai Marie
N'est-il pas vrai.

L'AIR DE LA BÊTISE

Mère des gens sans inquiétude
Mère de ceux que l'on dit forts
Mère des saintes habitudes
Princesse des gens sans remords
Salut à toi Dame Bêtise
Toi dont le règne est méconnu
Salut à toi Dame Bêtise
Mais dis-le-moi comment fais-tu ?

Pour avoir tant d'amants
Et tant de fiancés
Tant de représentants
Et tant de prisonniers
Pour tisser de tes mains
Tant de malentendus
Et faire croire aux crétins
Que nous sommes vaincus
Pour fleurir notre vie
De basses révérences
De mesquines envies
De noble intolérance

Mère de nos femmes fatales
Mère des mariages de raison
Mère des filles à succursales
Princesse pâle du vison
Salut à toi Dame Bêtise
Toi dont le règne est méconnu
Salut à toi Dame Bêtise
Mais dis-le-moi comment fais-tu ?

Pour que point l'on ne voie
Le sourire entendu
Qui fera de vous et moi
De très nobles cocus
Pour nous faire oublier
Que les putains les vraies
Sont celles qui font payer
Pas avant mais après
Pour qu'il puisse m'arriver
De croiser certains soirs
Ton regard familier
Au fond de mon miroir.

SAINT PIERRE

Il y a longtemps de cela
Au fond du ciel, le bon saint Pierre
Comme un collégien se troubla
Pour une étoile au cœur de pierre
Sitôt conquise, elle s'envole
En embrasant de son regard
Le cœur, la barbe et l'auréole
Du bon saint Pierre au désespoir
Qui criait et pleurait
Dans les rues du Paradis
Qui criait et pleurait
Et tout le ciel avec lui

> *refrain* :
>
> Effeuillons l'aile d'un ange
> Pour voir si elle pense à moi
> Effeuillons l'aile d'un ange
> Pour voir si elle m'aimera,
> Si elle m'aimera

Saint Pierre alors partit chercher
A cheval sur un beau nuage
Vainement dans la voie lactée
Sa jeune étoile au cœur volage
Au Paradis lorsqu'il revint
Devant la porte il est resté
N'osant montrer tout son chagrin
A ses copains auréolés
Qui criaient et pleuraient
Dans les rues du Paradis

Qui criaient et pleuraient
Tout en se moquant de lui

refrain

Mais le Bon Dieu lui vint en aide
Car les barbus sont syndiqués
Il changea l'étoile en planète
Et fit de saint Pierre un portier
Et de ces anges déplumés
Par les amours du bon saint Pierre
Afin de tout récupérer
Il fit les démons de l'enfer
Ceux qui crient ceux qui pleurent
A l'heure où naissent les nuits
Ceux qui crient ceux qui pleurent
Dans un coin de votre esprit

refrain

J'EN APPELLE

J'en appelle aux maisons écrasées de lumière
J'en appelle aux chansons que chantent les rivières
A l'éclatement bleu des matins de printemps
A la force jolie des filles qui ont vingt ans,
A la fraîcheur certaine d'un vieux puits de désert
A l'étoile qu'attend le vieil homme qui se perd
Pour que monte de nous, et plus fort qu'un désir,
Le désir incroyable de se vouloir construire
En se désirant faible et plutôt qu'orgueilleux,
En se désirant lâche plutôt que monstrueux

J'en appelle à ton rire que tu croques au soleil,
J'en appelle à ton cri à nul autre pareil,
Au silence joyeux qui parle doucement,
A ces mots que l'on dit rien qu'en se regardant,
A la pesante main de notre amour sincère,
A nos vingt ans trouvés à tout ce qu'ils espèrent
Pour que monte de nous et plus fort qu'un désir
Le désir incroyable de se vouloir construire
En préférant plutôt que la gloire inutile
Et le bonheur profond et puis la joie tranquille

J'en appelle aux maisons écrasées de lumière
J'en appelle à ton cri à nul autre pareil

© Les Nouvelles Editions musicales Caravelle,
Paris, 1957.

LA BOURRÉE DU CÉLIBATAIRE

La fille que j'aimera
Aura le cœur si sage
Qu'au creux de son visage
Mon cœur s'arrêtera
La fille que j'aimera
Je lui veux la peau tendre
Pour qu'aux nuits de décembre
S'y réchauffent mes doigts
Et moi je l'aimerons
Et elle m'aimera
Et nos cœurs brûleront
Du même feu de joie
Entrerons en chantant
Dans les murs de la vie
En offrant nos vingt ans
Pour qu'elle nous soit jolie
Non ce n'est pas toi
La fille que j'aimerons
Non ce n'est pas toi
La fille que j'aimera

La fille que j'aimera
Aura sa maison basse
Blanche et simple à la fois
Comme un état de grâce
La fille que j'aimera
Aura des soirs de veille
Où elle me parlera
Des enfants qui sommeillent
Et moi je l'aimerons
Et elle m'aimera

Et nous nous offrirons
Tout l'amour que l'on a
Pavoiserons tous deux
Notre vie de soleil
Avant que d'être vieux
Avant que d'être vieille
Non ce n'est pas toi
La fille que j'aimerons
Non ce n'est pas toi
La fille que j'aimera

La fille que j'aimera
Vieillira sans tristesse
Entre son feu de bois
Et ma grande tendresse
La fille que j'aimera
Sera comme bon vin
Qui se bonifiera
Un peu chaque matin
Et moi je l'aimerons
Et elle m'aimera
Et ferons des chansons
De nos anciennes joies
Et quitterons la terre
Les yeux pleins l'un de l'autre
Pour fleurir tout l'enfer
Du bonheur qui est nôtre
Ah qu'elle vienne à moi
La fille que j'aimerons
Ah qu'elle vienne à moi
La fille que j'aimera.

139

DEMAIN L'ON SE MARIE

Puisque demain l'on se marie
Apprenons la même chanson
Puisque demain s'ouvre la vie
Dis-moi ce que nous chanterons
Nous forcerons l'amour à bercer notre vie
D'une chanson jolie qu'à deux nous chanterons
Nous forcerons l'amour si tu le veux ma mie
A n'être de nos vies que l'humble forgeron

Puisque demain l'on se marie
Apprenons la même chanson
Puisque demain s'ouvre la vie
Dis-moi ce que nous y verrons
Nous forcerons nos yeux à ne jamais rien voir
Que la chose jolie qui vit en chaque chose
Nous forcerons nos yeux à n'être qu'un espoir
Qu'à deux nous offrirons comme on offre une rose

Puisque demain l'on se marie
Apprenons la même chanson
Puisque demain s'ouvre la vie
Dis-moi encor où nous irons
Nous forcerons les portes des pays d'Orient
A s'ouvrir devant nous, devant notre sourire
Nous forcerons ma mie, le sourire des gens
A n'être plus jamais une joie qui soupire
Puisque demain s'ouvre la vie
Ouvrons la porte à ces chansons
Puisque demain l'on se marie
Apprenons la même chanson.

AU PRINTEMPS

Au printemps au printemps
Et mon cœur et ton cœur sont repeints au vin blanc
Au printemps au printemps
Les amants vont prier Notre Dame du bon temps
Au printemps
Pour une fleur un sourire un serment pour l'ombre d'un
                                              [regard
En riant toutes les filles vous donneront leurs baisers et
                                              [puis tous leurs espoirs
Vois tous ces cœurs comme des artichauts
Qui s'effeuillent en battant pour s'offrir aux badauds
Vois tous ces cœurs comme de gentils mégots
Qui s'enflamment en riant pour les filles du métro

Au printemps au printemps
Et mon cœur et ton cœur sont repeints au vin blanc
Au printemps au printemps
Les amants vont prier Notre Dame du bon temps
Au printemps
Pour une fleur un sourire un serment pour l'ombre d'un
                                              [regard
En riant tout Paris se changera en baisers parfois même en
                                              [grand soir
Vois tout Paris se change en pâturages
Pour troupeaux d'amoureux aux bergères peu sages
Vois tout Paris joue la fête au village
Pour bénir au soleil ces nouveaux mariages

Au printemps au printemps
Et mon cœur et ton cœur sont repeints au vin blanc
Au printemps au printemps
Les amants vont prier Notre Dame du bon temps

Au printemps
Pour une fleur un sourire un serment pour l'ombre d'un
[regard
En riant toute la terre se changera en baisers qui parleront
[d'espoir
Vois ce miracle car c'est bien le dernier
Qui s'offre encor à nous sans avoir à l'appeler
Vois ce miracle qui devait arriver

C'est la première chance la seule de l'année
Au printemps au printemps
Et mon cœur et ton cœur sont repeints au vin blanc
Au printemps au printemps
Les amants vont prier Notre Dame du bon temps
Au printemps au printemps au printemps.

© Les Nouvelles Editions musicales Caravelle,
Paris, 1958.

JE NE SAIS PAS

Je ne sais pas pourquoi la pluie
Quitte là-haut ses oripeaux
Que sont les lourds nuages gris
Pour se coucher sur nos coteaux
Je ne sais pas pourquoi le vent
S'amuse dans les matins clairs
A colporter les rires d'enfants
Carillons frêles de l'hiver
Je ne sais rien de tout cela
Mais je sais que je t'aime encor

Je ne sais pas pourquoi la route
Qui me pousse vers la cité
A l'odeur fade des déroutes
De peuplier en peuplier
Je ne sais pas pourquoi le voile
Du brouillard glacé qui m'escorte
Me fait penser aux cathédrales
Où l'on prie pour les amours mortes
Je ne sais rien de tout cela
Mais je sais que je t'aime encor

Je ne sais pas pourquoi la ville
M'ouvre ses remparts de faubourgs
Pour me laisser glisser fragile
Sous la pluie parmi ses amours
Je ne sais pas pourquoi ces gens
Pour mieux célébrer ma défaite
Pour mieux suivre l'enterrement
Ont le nez collé aux fenêtres
Je ne sais rien de tout cela
Mais je sais que je t'aime encor

Je ne sais pas pourquoi ces rues
S'ouvrent devant moi une à une
Vierges et froides froides et nues
Rien que mes pas et pas de lune
Je ne sais pas pourquoi la nuit
Jouant de moi comme guitare
M'a forcé à venir ici
Pour pleurer devant cette gare
Je ne sais rien de tout cela
Mais je sais que je t'aime encor

Je ne sais pas à quelle heure part
Ce triste train pour Amsterdam
Qu'un couple doit prendre ce soir
Un couple dont tu es la femme
Et je ne sais pas pour quel port
Part d'Amsterdam ce grand navire
Qui brise mon cœur et mon corps
Notre amour et mon avenir
Je ne sais rien de tout cela
Mais je sais que je t'aime encor
Mais je sais que je t'aime encor.

DORS MA MIE

Dors ma mie
Dehors la nuit est noire
Dors ma mie bonsoir
Dors ma mie
C'est notre dernier soir
Dors ma mie bonsoir
Sur les fleurs qui ferment leurs paupières
Pleure la pluie légère
Et l'oiseau qui chantera l'aurore
Dors et rêve encor
Ainsi demain déjà
Serai seul à nouveau
Et tu m'auras perdu
Rien qu'en me voulant trop
Tu m'auras gaspillé
A te vouloir bâtir
Un bonheur éternel
Ennuyeux à périr
Au lieu de te pencher
Vers moi tout simplement
Moi qui avais besoin
Si fort de ton printemps
Non les filles que l'on aime
Ne comprendront jamais
Qu'elles sont à chaque fois
Notre dernier muguet
Notre dernière chance
Notre dernier sursaut
Notre dernier départ
Notre dernier bateau

Dors ma mie
Dehors la nuit est noire
Dors ma mie bonsoir
Dors ma mie c'est notre dernier soir
Dors ma mie je pars.

DITES, SI C'ÉTAIT VRAI

Dites, dites, si c'était vrai
S'il était né vraiment à Bethléem, dans une étable
Dites, si c'était vrai
Si les rois Mages étaient vraiment venus de loin, de fort loin
Pour lui porter l'or, la myrrhe, l'encens
Dites, si c'était vrai
Si c'était vrai tout ce qu'ils ont écrit Luc, Matthieu
Et les deux autres,
Dites, si c'était vrai
Si c'était vrai le coup des Noces de Cana
Et le coup de Lazare
Dites, si c'était vrai
Si c'était vrai ce qu'ils racontent les petits enfants
Le soir avant d'aller dormir
Vous savez bien, quand ils disent Notre Père, quand ils
                                        [disent Notre Mère
Si c'était vrai tout cela
Je dirais oui
Oh, sûrement je dirais oui
Parce que c'est tellement beau tout cela
Quand on croit que c'est vrai.

LE COLONEL

Colonel faut-il
Puisque se lève le jour
Faire battre tous les tambours
Réveiller tous les pandours
Colonel faut-il
Faire sonner tous les clairons
Rassembler les escadrons
Colonel, Colonel, nous attendons

Le Colonel s'ennuie
Il effeuille une fleur
Et rêve à son amie
Qui lui a pris son cœur
Son amie est si douce et belle
Dans sa robe au soleil
Que chaque jour passé près d'elle
Se meuble de merveilles

Colonel faut-il
Puisque voilà l'ennemi
Faire tirer notre artillerie
Disposer notre infanterie
Colonel faut-il
Charger tous comme des fous
Ou partir à pas de loup
Colonel, Colonel, dites-le-nous

Le Colonel s'ennuie
Il effeuille une fleur
Et rêve à son amie
Qui lui a pris son cœur

Ses baisers doux comme velours
Tendrement ont conduit
A l'Etat-Major de l'amour
Le colonel ravi

Colonel faut-il
Puisque vous êtes blessé
Faut-il donc nous occuper
De vous trouver un Abbé
Colonel faut-il
Puisqu'est mort l'apothicaire
Chercher le vétérinaire
Colonel, Colonel que faut-il faire ?

Le Colonel s'ennuie
Il effeuille une fleur
Et rêve à son amie
Qui lui a pris son cœur
Il la voit et lui tend les bras
Il la voit et l'appelle
Et c'est en lui parlant tout bas
Qu'il entre dans le ciel
Ce Colonel qui meurt
Et qui meurt de chagrin
Blessé d'une fille dans le cœur
Ce Colonel loin de sa belle
C'est mon cœur loin du tien
C'est mon cœur loin du tien.

L'HOMME DANS LA CITÉ

Pourvu que nous vienne un homme
Aux portes de la cité
Que l'amour soit son royaume
Et l'espoir son invité
Et qu'il soit pareil aux arbres
Que mon père avait plantés
Fiers et nobles comme soir d'été
Et que les rires d'enfants
Qui lui tintent dans la tête
L'éclaboussent de reflets de fête

Pourvu que nous vienne un homme
Aux portes de la cité
Que son regard soit un psaume
Fait de soleils éclatés
Qu'il ne s'agenouille pas
Devant tout l'or d'un seigneur
Mais parfois pour cueillir une fleur
Et qu'il chasse de la main
A jamais et pour toujours
Les solutions qui seraient sans amour

Pourvu que nous vienne un homme
Aux portes de la cité
Et qui ne soit pas un baume
Mais une force une clarté
Et que sa colère soit juste
Jeune et belle comme l'orage
Qu'il ne soit jamais ni vieux ni sage
Et qu'il rechasse du temple
L'écrivain sans opinion
Marchand de rien marchand d'émotion

Pourvu que nous vienne un homme
Aux portes de la cité
Avant que les autres hommes
Qui vivent dans la cité
Humiliés d'espoirs meurtris
Et lourds de leur colère froide
Ne dressent aux creux des nuits
De nouvelles barricades.

LA LUMIÈRE JAILLIRA

La lumière jaillira
Claire et blanche un matin
Brusquement devant moi
Quelque part en chemin
La lumière jaillira
Et la reconnaîtrai
Pour l'avoir tant de fois
Chaque jour espérée
La lumière jaillira
Et de la voir si belle
Je connaîtrai pourquoi
J'avais tant besoin d'elle
La lumière jaillira
Et nous nous marierons
Pour n'être qu'un combat
N'être qu'une chanson

La lumière jaillira
Et je l'inviterai
A venir sous mon toit
Pour y tout transformer
La lumière jaillira
Et déjà modifié
Lui avouerai du doigt
Les meubles du passé
La lumière jaillira
Et j'aurai un palais
Tout ne change-t-il pas
Au soleil de juillet
La lumière jaillira
Et toute ma maison

Assise au feu de bois
Apprendra ses chansons

La lumière jaillira
Parsemant mes silences
De sourires de joie
Qui meurent et recommencent
La lumière jaillira
Qu'éternel voyageur
Mon cœur en vain chercha
Et qui était en mon cœur
La lumière jaillira
Reculant l'horizon
La lumière jaillira
Et portera ton nom.

VOICI

Qu'un ciel penche ses nuages
Sur ces chemins d'Italie
Pour amoureux sans bagages

Voici
Des coteaux en ribambelles
Pour enrubanner nos vies
Des vins clairs de fleurs nouvelles

Voici
Des cloches sonnant la fête
Des fêtes pour que l'on rie
Des rires que rien n'arrête

Voici
Des amours en robe blanche
Moitié fleur et moitié fruit
Que nous jalousent les anges

Voici
Des échos qui font la chaîne
Pour porter à l'infini
Nos « toujours » et nos « Je t'aime »

Voici
Des promesses de Saint-Jean
Des Saint-Jean qui durent la vie
Des vies qu'épargne le temps

Voici
Certain sourire de nos pères
Que l'on recherche la nuit
Pour mieux calmer sa colère

Voici
Qu'au carrefour des amitiés
La douleur s'évanouit
Broyée par nos mains serrées

Voici
Qu'en nos faubourgs délavés
Des prêtres en litanies
Sont devenus ouvriers

Voici
Des mains ridées de courage
Qui caressent l'établi
D'où jaillit la belle ouvrage

Voici
Ces fleurs poussant en pagaille
Entre nous et l'ennemi
Pour empêcher la bataille.
Voici

© Les Nouvelles Editions musicales Caravelle,
Paris, 1958

155

LITANIES POUR UN RETOUR

Mon cœur ma mie mon âme
Mon ciel mon feu ma flamme
Mon puits ma source mon val
Mon miel mon baume mon Graal

Mon blé mon or ma terre
Mon soc mon roc ma pierre
Ma nuit ma soif ma faim
Mon jour mon aube mon pain

Ma voile ma vague mon guide ma voie
Mon sang ma force ma fièvre mon moi
Mon chant mon rire mon vin ma joie
Mon aube mon cri ma vie ma foi

Mon cœur ma mie mon âme
Mon ciel mon feu ma flamme
Mon corps ma chair mon bien
Voilà que tu reviens.

L'AVENTURE

L'aventure commence à l'aurore
A l'aurore de chaque matin
L'aventure commence alors
Que la lumière nous lave les mains
L'aventure commence à l'aurore
Et l'aurore nous guide en chemin
L'aventure c'est le trésor
Que l'on découvre à chaque matin
Pour Martin c'est le fer sur l'enclume
Pour César le vin qui chantera
Pour Yvon c'est la mer qu'il écume
C'est le jour qui s'allume
C'est le blé que l'on bat
L'aventure commence à l'aurore
A l'aurore de chaque matin
L'aventure commence alors
Que la lumière nous lave les mains

Tout ce que l'on cherche à redécouvrir
Fleurit chaque jour au coin de nos vies
La grande aventure il faut la cueillir
Entre notre église et notre mairie
Entre la barrière du grand-père Machin
Et le bois joli de monsieur le baron
Et entre la vigne de notre voisin
Et le doux sourire de la Madelon
La Madelon

Tous ceux que l'on cherche à pouvoir aimer
Sont auprès de nous et à chaque instant
Dans le creux des rues dans l'ombre des prés

Au bout du chemin au milieu des champs
Debout dans le vent et semant le blé
Pliés vers le sol saluant la terre
Assis près des vieux et tressant l'osier
Couchés au soleil buvant la lumière
Dans la lumière.

DIS-MOI TAMBOUR

Dis-moi, dis-moi tambour
Oh dis-le-moi mon cœur
Pour qui ce chant si lourd
Pour qui tant de douleur

Je bats de tout mon cœur
Pour les amours fanées
Et je bats pour ces fleurs
Que l'on a piétinées
Je bats pour les sanglots
Que chante la guitare
Je bats pour les châteaux
Qui vivent en ta mémoire

Dis-moi, dis-moi tambour
Oh dis-le-moi mon cœur
Pour qui ce chant d'amour
D'espoir et de ferveur

Je bats pour ces matins
Ecrasés de lumière
Et je bats pour ces mains
Qui se joignent en prières
Je bats pour le soleil
Qui sourit aux enfants
Je bats pour ces merveilles
Que nous offre un printemps

Dis-moi dis-moi tambour
Oh dis-le-moi mon cœur
Pour qui bats-tu ce soir
Pour qui tant de douceur

Je bats je bats pour lui
Qu'espérait ton amour
Je bats pour son regard
Qui t'a donné la vie
Je bats pour son sourire
Qui te montre le jour
Je bats comme un tambour
Tes amours infinies.

Dis-moi dis-moi tambour
Oh mon cœur dis-le-moi
Que tu n'es pas le seul
A battre pour cela
Il y a tant d'amour
Pourtant autour de toi
Non tu n'es pas le seul
A battre pour cela
Non tu n'es pas le seul
A vivre pour cela.

SEUL

On est deux mon amour
Et l'amour chante et rit
Mais à la mort du jour
Dans les draps de l'ennui
On se retrouve seul

On est dix à défendre
Les vivants par des morts
Mais cloué par leurs cendres
Au poteau du remords
On se retrouve seul

On est cent qui dansons
Au bal des bons copains
Mais au dernier lampion
Mais au premier chagrin
On se retrouve seul

On est mille contre mille
A se croire les plus forts
Mais à l'heure imbécile
Où ça fait deux mille morts
On se retrouve seul

On est million à rire
Du million qui est en face
Mais deux millions de rires
N'empêchent que dans la glace
On se retrouve seul.

On est mille à s'asseoir
Au sommet de la fortune
Mais dans la peur de voir
Tout fondre sous la lune
On se retrouve seul

On est cent que la gloire
Invite sans raison
Mais quand meurt le hasard
Quand finit la chanson
On se retrouve seul

On est dix à coucher
Dans le lit de la puissance
Mais devant ces armées
Qui s'enterrent en silence
On se retrouve seul

On est deux à vieillir
Contre le temps qui cogne
Mais lorsqu'on voit venir
En riant la charogne
On se retrouve seul.

© Editions Intersong-Paris, Paris, 1959.

LA DAME PATRONNESSE

Pour faire une bonne dame patronnesse
Il faut avoir l'œil vigilant
Car, comme le prouvent les événements
Quatre-vingt-neuf tue la noblesse
Car comme le prouvent les événements
Quatre-vingt-neuf tue la noblesse

refrain :

Et un point à l'envers
Et un point à l'endroit
Un point pour saint Joseph
Un point pour saint Thomas

Pour faire une bonne dame patronnesse
Il faut organiser ses largesses,
Car comme disait le duc d'Elbeuf
« C'est avec du vieux qu'on fait du neuf »
Car comme disait le duc d'Elbeuf
« C'est avec du vieux qu'on fait du neuf »

refrain

Pour faire une bonne dame patronnesse
C'est qu'il faut faire très attention
A ne pas se laisser voler ses pauvresses
C'est qu'on serait sans situation
A ne pas se laisser voler ses pauvresses
C'est qu'on serait sans situation

refrain

Pour faire une bonne dame patronnesse
Il faut être bonne mais sans faiblesse

Ainsi j'ai dû rayer de ma liste
Une pauvresse qui fréquentait un socialiste
Ainsi j'ai dû rayer de ma liste
Une pauvresse qui fréquentait un socialiste

refrain

Pour faire une bonne dame patronnesse
Mesdames tricotez tout en couleur caca d'oie
Ce qui permet le dimanche à la grand-messe
De reconnaître ses pauvres à soi,
Ce qui permet le dimanche à la grand-messe
De reconnaître ses pauvres à soi.

refrain

LA VALSE A MILLE TEMPS

Au premier temps de la valse
Toute seule tu souris déjà
Au premier temps de la valse
Je suis seul mais je t'aperçois
Et Paris qui bat la mesure
Paris qui mesure notre émoi
Et Paris qui bat la mesure
Me murmure murmure tout bas

Une valse à trois temps
Qui s'offre encore le temps
Qui s'offre encore le temps
De s'offrir des détours
Du côté de l'amour
Comme c'est charmant
Une valse à quatre temps
C'est beaucoup moins dansant
C'est beaucoup moins dansant
Mais tout aussi charmant
Qu'une valse à trois temps
Une valse à quatre temps
Une valse à vingt ans
C'est beaucoup plus troublant
C'est beaucoup plus troublant
Mais beaucoup plus charmant
Qu'une valse à trois temps
Une valse à vingt ans
Une valse à cent temps
Une valse à cent temps
Une valse ça s'entend
A chaque carrefour

Dans Paris que l'amour
Rafraîchit au printemps
Une valse à mille temps
Une valse à mille temps
Une valse a mis le temps
De patienter vingt ans
Pour que tu aies vingt ans
Et pour que j'aie vingt ans
Une valse à mille temps
Une valse à mille temps
Une valse à mille temps
Offre seule aux amants
Trois cent trente-trois fois le temps
De bâtir un roman

refrain

Au deuxième temps de la valse
On est deux tu es dans mes bras
Au deuxième temps de la valse
Nous comptons tous les deux une deux trois
Et Paris qui bat la mesure
Paris qui mesure notre émoi
Et Paris qui bat la mesure
Nous fredonne fredonne déjà

refrain

Au troisième temps de la valse
Nous valsons enfin tous les trois
Au troisième temps de la valse
Il y a toi y'a l'amour et y'a moi
Et Paris qui bat la mesure
Paris qui mesure notre émoi
Et Paris qui bat la mesure
Laisse enfin éclater sa joie.

NE ME QUITTE PAS

Ne me quitte pas
Il faut oublier
Tout peut s'oublier
Qui s'enfuit déjà
Oublier le temps
Des malentendus
Et le temps perdu
A savoir comment
Oublier ces heures
Qui tuaient parfois
A coups de pourquoi
Le cœur du bonheur
Ne me quitte pas
Ne me quitte pas
Ne me quitte pas
Ne me quitte pas

Moi je t'offrirai
Des perles de pluie
Venues de pays
Où il ne pleut pas
Je creuserai la terre
Jusqu'après ma mort
Pour couvrir ton corps
D'or et de lumière
Je ferai un domaine
Où l'amour sera roi
Où l'amour sera loi
Où tu seras reine
Ne me quitte pas
Ne me quitte pas
Ne me quitte pas
Ne me quitte pas

Ne me quitte pas
Je t'inventerai
Des mots insensés
Que tu comprendras
Je te parlerai
De ces amants-là
Qui ont vu deux fois
Leurs cœurs s'embraser
Je te raconterai
L'histoire de ce roi
Mort de n'avoir pas
Pu te rencontrer
Ne me quitte pas
Ne me quitte pas
Ne me quitte pas
Ne me quitte pas

On a vu souvent
Rejaillir le feu
D'un ancien volcan
Qu'on croyait trop vieux
Il est paraît-il
Des terres brûlées
Donnant plus de blé
Qu'un meilleur avril
Et quand vient le soir
Pour qu'un ciel flamboie
Le rouge et le noir
Ne s'épousent-ils pas
Ne me quitte pas
Ne me quitte pas
Ne me quitte pas
Ne me quitte pas

Ne me quitte pas
Je ne vais plus pleurer
Je ne vais plus parler
Je me cacherai là
A te regarder
Danser et sourire
Et à t'écouter
Chanter et puis rire

Laisse-moi devenir
L'ombre de ton ombre
L'ombre de ta main
L'ombre de ton chien
Ne me quitte pas
Ne me quitte pas
Ne me quitte pas
Ne me quitte pas.

ISABELLE

Quand Isabelle dort plus rien ne bouge
Quand Isabelle dort au berceau de sa joie
Sais-tu qu'elle vole la coquine
Les oasis du Sahara
Les poissons dorés de la Chine
Et les jardins de l'Alhambra
Quand Isabelle dort plus rien ne bouge
Quand Isabelle dort au berceau de sa joie
Elle vole les rêves et les jeux
D'une rose et d'un bouton d'or
Pour se les poser dans les yeux
Belle Isabelle quand elle dort

Quand Isabelle rit plus rien ne bouge
Quand Isabelle rit au berceau de sa joie
Sais-tu qu'elle vole la cruelle
Le rire des cascades sauvages
Qui remplacent les escarcelles
Des rois qui n'ont pas d'équipages
Quand Isabelle rit plus rien ne bouge
Quand Isabelle rit au berceau de sa joie
Elle vole les fenêtres de l'heure
Qui s'ouvrent sur le paradis
Pour se les poser dans le cœur
Belle Isabelle quand elle rit

Quand Isabelle chante plus rien ne bouge
Quand Isabelle chante au berceau de sa joie
Sais-tu qu'elle vole la dentelle
Tissée au cœur de rossignol
Et les baisers que les ombrelles

Empêchent de prendre leur vol
Quand Isabelle chante plus rien ne bouge
Quand Isabelle chante au berceau de sa joie
Elle vole le velours et la soie
Qu'offre la guitare à l'infante
Pour se les poser dans la voix
Belle Isabelle quand elle chante.

© Editions Intersong-Paris,
Paris, 1959.

LA TENDRESSE

Pour un peu de tendresse
Je donnerais les diamants
Que le diable caresse
Dans mes coffres d'argent
Pourquoi crois-tu la belle
Que les marins au port
Vident leurs escarcelles
Pour offrir des trésors
A de fausses princesses
Pour un peu de tendresse

Pour un peu de tendresse
Je changerais de visage
Je changerais d'ivresse
Je changerais de langage
Pourquoi crois-tu la belle
Qu'au sommet de leurs chants
Empereurs et ménestrels
Abandonnent souvent
Puissances et richesses
Pour un peu de tendresse

Pour un peu de tendresse
Je t'offrirais le temps
Qu'il reste de jeunesse
A l'été finissant
Pourquoi crois-tu la belle
Que monte ma chanson
Vers la claire dentelle
Qui danse sur ton front
Penché vers ma détresse
Pour un peu de tendresse.

LES FLAMANDES

Les Flamandes dansent sans rien dire
Sans rien dire aux dimanches sonnants
Les Flamandes dansent sans rien dire
Les Flamandes ça n'est pas causant
Si elles dansent c'est parce qu'elles ont vingt ans
Et qu'à vingt ans il faut se fiancer
Se fiancer pour pouvoir se marier
Et se marier pour avoir des enfants
C'est ce que leur ont dit leurs parents
Le bedeau et même Son Eminence
L'Archiprêtre qui prêche au couvent
Et c'est pour ça et c'est pour ça qu'elles dansent
Les Flamandes
Les Flamandes
Les Fla
Les Fla
Les Flamandes

Les Flamandes dansent sans frémir
Sans frémir aux dimanches sonnants
Les Flamandes dansent sans frémir
Les Flamandes ça n'est pas frémissant
Si elles dansent c'est parce qu'elles ont trente ans
Et qu'à trente ans il est bon de montrer
Que tout va bien que poussent les enfants
Et le houblon et le blé dans le pré
Elles font la fierté de leurs parents
Et du bedeau et de Son Eminence
L'Archiprêtre qui prêche au couvent
Et c'est pour ça et c'est pour ça qu'elles dansent
Les Flamandes

Les Flamandes
Les Fla
Les Fla
Les Flamandes

Les Flamandes dansent sans sourire
Sans sourire aux dimanches sonnants
Les Flamandes dansent sans sourire
Les Flamandes ça n'est pas souriant
Si elles dansent c'est qu'elles ont septante ans
Qu'à septante ans il est bon de montrer
Que tout va bien que poussent les petits-enfants
Et le houblon et le blé dans le pré
Toutes vêtues de noir comme leurs parents
Comme le bedeau et comme Son Eminence
L'Archiprêtre qui radote au couvent
Elles héritent et c'est pour ça qu'elles dansent
Les Flamandes
Les Flamandes
Les Fla
Les Fla
Les Flamandes

Les Flamandes dansent sans mollir
Sans mollir aux dimanches sonnants
Les Flamandes dansent sans mollir
Les Flamandes ça n'est pas mollissant
Si elles dansent c'est parce qu'elles ont cent ans
Et qu'à cent ans il est bon de montrer
Que tout va bien qu'on a toujours bon pied
Et bon houblon et bon blé dans le pré
Elles s'en vont retrouver leurs parents
Et le bedeau et même Son Eminence
L'Archiprêtre qui repose au couvent
Et c'est pour ça qu'une dernière fois elles dansent
Les Flamandes
Les Flamandes
Les Fla
Les Fla
Les Flamandes.

© Editions Intersong-Paris,
Paris, 1959.

174

VOIR

Voir la rivière gelée
Vouloir être un printemps
Voir la terre brûlée
Et semer en chantant
Voir que l'on a vingt ans
Vouloir les consumer
Voir passer un croquant
Et tenter de l'aimer

Voir une barricade
Et la vouloir défendre
Voir périr l'embuscade
Et puis ne pas se rendre
Voir le gris des faubourgs
Vouloir être Renoir
Voir l'ennemi de toujours
Et fermer sa mémoire

Voir que l'on va vieillir
Et vouloir commencer
Voir un amour fleurir
Et s'y vouloir brûler
Voir la peur inutile
La laisser aux crapauds
Voir que l'on est fragile
Et chanter à nouveau

Voilà ce que je vois
Voilà ce que je veux
Depuis que je te vois
Depuis que je te veux.

LA MORT

La mort m'attend comme une vieille fille
Au rendez-vous de la faucille
Pour mieux cueillir le temps qui passe
La mort m'attend comme une princesse
A l'enterrement de ma jeunesse
Pour mieux pleurer le temps qui passe
La mort m'attend comme Carabosse
A l'incendie de nos noces
Pour mieux rire du temps qui passe

refrain :

Mais qu'y a-t-il derrière la porte
Et qui m'attend déjà
Ange ou démon qu'importe
Au-devant de la porte il y a toi

La mort attend sous l'oreiller
Que j'oublie de me réveiller
Pour mieux glacer le temps qui passe
La mort attend que mes amis
Me viennent voir en pleine nuit
Pour mieux se dire que le temps passe
La mort m'attend dans tes mains claires
Qui devront fermer mes paupières
Pour mieux quitter le temps qui passe

refrain

La mort m'attend aux dernières feuilles
De l'arbre qui fera mon cercueil
Pour mieux clouer le temps qui passe

La mort m'attend dans les lilas
Qu'un fossoyeur lancera sur moi
Pour mieux fleurir le temps qui passe
La mort m'attend dans un grand lit
Tendu aux toiles de l'oubli
Pour mieux fermer le temps qui passe.

refrain

LA COLOMBE

Pourquoi cette fanfare
Quand les soldats par quatre
Attendent les massacres
Sur le quai d'une gare
Pourquoi ce train ventru
Qui ronronne et soupire
Avant de nous conduire
Jusqu'au malentendu
Pourquoi les chants les cris
Des foules venues fleurir
Ceux qui ont le droit de partir
Au nom de leurs conneries

Nous n'irons plus au bois la colombe est blessée
Nous n'allons pas au bois nous allons la tuer

Pourquoi l'heure que voilà
Où finit notre enfance
Où finit notre chance
Où notre train s'en va
Pourquoi ce lourd convoi
Chargé d'hommes en gris
Repeints en une nuit
Pour partir en soldats
Pourquoi ce train de pluie
Pourquoi ce train de guerre
Pourquoi ce cimetière
En marche vers la nuit

Nous n'irons plus au bois la colombe est blessée
Nous n'allons pas au bois nous allons la tuer

178

Pourquoi les monuments
Qu'offriront les défaites
Les phrases déjà faites
Qui suivront l'enterrement
Pourquoi l'enfant mort-né
Que sera la victoire
Pourquoi les jours de gloire
Que d'autres auront payés
Pourquoi ces coins de terre
Que l'on va peindre en gris
Puisque c'est au fusil
Qu'on éteint la lumière

Nous n'irons plus au bois la colombe est blessée
Nous n'allons pas au bois nous allons la tuer

Pourquoi ton cher visage
Dégrafé par les larmes
Qui me rendait les armes
Aux sources du voyage
Pourquoi ton corps qui sombre
Ton corps qui disparaît
Et n'est plus sur le quai
Qu'une fleur sur une tombe
Pourquoi ces prochains jours
Où je devrai penser
A ne plus m'habiller
Que d'une moitié d'amour

Nous n'irons plus au bois la colombe est blessée
Nous n'allons pas au bois nous allons la tuer.

JE T'AIME

Pour la rosée qui tremble
Au calice des fleurs
De n'être pas aimée
Et ressemble à ton cœur
Je t'aime...

Pour le doigt de la pluie
Au clavecin de l'étang
Jouant page de lune
Et ressemble à ton chant
Je t'aime...

Pour l'aube qui balance
Sur le fil d'horizon
Lumineuse et fragile
Et ressemble à ton front
Je t'aime...

Pour l'aurore légère
Qu'un oiseau fait frémir
En la battant de l'aile
Et ressemble à ton rire
Je t'aime...

Pour le jour qui se lève
Et dentelle le bois
Au point de la lumière
Et ressemble à ta joie
Je t'aime...

Pour le jour qui revient
D'une nuit sans amour
Et ressemble déjà
Ressemble à ton retour
Je t'aime...

Pour la porte qui s'ouvre
Pour le cri qui jaillit
Ensemble de deux cœurs
Et ressemble à ce cri
Je t'aime
Je t'aime
Je t'aime.

L'IVROGNE

refrain :

Ami, remplis mon verre
Encore un et je vas
Encore un et je vais
Non je ne pleure pas
Je chante et je suis gai
Mais j'ai mal d'être moi
Ami, remplis mon verre
Ami, remplis mon verre

Buvons à ta santé
Toi qui sais si bien dire
Que tout peut s'arranger
Qu'elle va revenir
Tant pis si tu es menteur
Tavernier sans tendresse
Je serai saoul dans une heure
Je serai sans tristesse
Buvons à la santé
Des amis et des rires
Que je vais retrouver
Qui vont me revenir
Tant pis si ces seigneurs
Me laissent à terre
Je serai saoul dans une heure
Je serai sans colère

Buvons à ma santé
Que l'on boive avec moi
Que l'on vienne danser
Qu'on partage ma joie

Tant pis si les danseurs
Me laissent sous la lune
Je serai saoul dans une heure
Je serai sans rancune
Buvons aux jeunes filles
Qu'il me reste à aimer
Buvons déjà aux filles
Que je vais faire pleurer
Et tant pis pour les fleurs
Qu'elles me refuseront
Je serai saoul dans une heure
Je serai sans passion

Buvons à la putain
Qui m'a tordu le cœur
Buvons à plein chagrin
Buvons à pleines pleurs
Et tant pis pour les pleurs
Qui me pleuvent ce soir
Je serai saoul dans une heure
Je serai sans mémoire
Buvons nuit après nuit
Puisque je serai trop laid
Pour la moindre Sylvie
Pour le moindre regret
Buvons puisqu'il est l'heure
Buvons rien que pour boire
Je serai bien dans une heure
Je serai sans espoir

    Ami, remplis mon verre
    Encore un et je vas
    Encore un et je vais
    Non je ne pleure pas
    Je chante et je suis gai
    Tout s'arrange déjà
    Ami remplis mon verre.

MARIEKE

Ay Marieke, Marieke
Je t'aimais tant
Entre les tours
De Bruges et Gand
Ay Marieke, Marieke
Il y a longtemps
Entre les tours
De Bruges et Gand

Zonder liefde, waarmde liefde
Wait de wind, de stomme wind
Zonder liefde waarmde liefde
Weent de zee, de grijze zee
Zonder liefde, waarmde liefde
Lijdt het licht, het donker licht
En schuurt de zand over mijn land
Mijn platte land, mijn Vlaanderenland

Ay Marieke, Marieke
Le ciel flamand
Couleur des tours
De Bruges et Gand
Ay Marieke, Marieke
Le ciel flamand
Pleure avec moi
De Bruges à Gand

Zonder liefde, waarmde liefde
Wait de wind, c'est fini
Zonder liefde, waarmde liefde
Weent de zee, déjà fini
Zonder liefde, waarmde liefde

Lijdt het licht, tout est fini
En schuurt het zand over mijn land
Mijn platte land, mijn Vlaanderenland

Ay Marieke, Marieke
Le ciel flamand
Pesait-il trop
De Bruges à Gand
Ay Marieke, Marieke
Sur tes vingt ans
Que j'aimais tant
De Bruges à Gand

Zonder liefde, waarmde liefde
Lacht de duivel, de zwaste duivel
Zonder liefde, waarmde liefde
Brandt mijn hart, mijn oude hart
Zonder liefde, waarmde liefde
Sterft de zomer, de droeve zomer
En schuurt het zand over mijn land
Mijn platte land, mijn Vlaanderenland

Ay Marieke, Marieke
Revienne le temps
Revienne le temps
De Bruges et Gand
Ay Marieke, Marieke
Revienne le temps
Où tu m'aimais
De Bruges à Gand

Ay Marieke, Marieke
Le soir souvent
Entre les tours
De Bruges et Gand
Ay Marieke, Marieke
Tous les étangs
M'ouvrent leurs bras
De Bruges à Gand, de Bruges à Gand, de Bruges à
        Gand...

LE MORIBOND

Adieu l'Emile je t'aimais bien
Adieu l'Emile je t'aimais bien tu sais
On a chanté les mêmes vins
On a chanté les mêmes filles
On a chanté les mêmes chagrins
Adieu l'Emile je vais mourir
C'est dur de mourir au printemps tu sais
Mais je pars aux fleurs la paix dans l'âme
Car vu que tu es bon comme du pain blanc
Je sais que tu prendras soin de ma femme
Je veux qu'on rie
Je veux qu'on danse
Je veux qu'on s'amuse comme des fous
Je veux qu'on rie
Je veux qu'on danse
Quand c'est qu'on me mettra dans le trou

Adieu Curé je t'aimais bien
Adieu Curé je t'aimais bien tu sais
On n'était pas du même bord
On n'était pas du même chemin
Mais on cherchait le même port
Adieu Curé je vais mourir
C'est dur de mourir au printemps tu sais
Mais je pars aux fleurs la paix dans l'âme
Car vu que tu étais son confident
Je sais que tu prendras soin de ma femme
Je veux qu'on rie
Je veux qu'on danse
Je veux qu'on s'amuse comme des fous
Je veux qu'on rie

Je veux qu'on danse
Quand c'est qu'on me mettra dans le trou

Adieu l'Antoine je t'aimais pas bien
Adieu l'Antoine je t'aimais pas bien tu sais
J'en crève de crever aujourd'hui
Alors que toi tu es bien vivant
Et même plus solide que l'ennui
Adieu l'Antoine je vais mourir
C'est dur de mourir au printemps tu sais
Mais je pars aux fleurs la paix dans l'âme
Car vu que tu étais son amant
Je sais que tu prendras soin de ma femme
Je veux qu'on rie
Je veux qu'on danse
Je veux qu'on s'amuse comme des fous
Je veux qu'on rie
Je veux qu'on danse
Quand c'est qu'on me mettra dans le trou

Adieu ma femme je t'aimais bien
Adieu ma femme je t'aimais bien tu sais
Mais je prends le train pour le Bon Dieu
Je prends le train qui est avant le tien
Mais on prend tous le train qu'on peut
Adieu ma femme je vais mourir
C'est dur de mourir au printemps tu sais
Mais je pars aux fleurs les yeux fermés ma femme
Car vu que je les ai fermés souvent
Je sais que tu prendras soin de mon âme
Je veux qu'on rie
Je veux qu'on danse
Je veux qu'on s'amuse comme des fous
Je veux qu'on rie
Je veux qu'on danse
Quand c'est qu'on me mettra dans le trou.

© Editions Intersong-Paris,
Paris, 1961.

LE PROCHAIN AMOUR

refrain :

On a beau faire, on a beau dire,
Qu'un homme averti en vaut deux
On a beau faire, on a beau dire,
Ça fait du bien d'être amoureux

Je sais, je sais que ce prochain amour
Sera pour moi la prochaine défaite
Je sais déjà à l'entrée de la fête
La feuille morte que sera le petit jour
Je sais, je sais, sans savoir ton prénom
Que je serai ta prochaine capture
Je sais déjà que c'est par leur murmure
Que les étangs mettent les fleuves en prison

Je sais, je sais que ce prochain amour
Ne vivra pas jusqu'au prochain été
Je sais déjà que le temps des baisers
Pour deux chemins ne durent qu'un carrefour
Je sais, je sais que ce prochain bonheur
Sera pour moi la prochaine des guerres
Je sais déjà cette affreuse prière
Qu'il faut pleurer quand l'autre est le vainqueur

Je sais, je sais que ce prochain amour
Sera pour nous de vivre un nouveau règne
Dont nous croirons tous deux porter les chaînes
Dont nous croirons que l'autre a le velours
Je sais, je sais que ma tendre faiblesse
Fera de nous des navires ennemis

Mais mon cœur sait des navires ennemis
Partant ensemble pour pêcher la tendresse

Car on a beau faire, car on a beau dire
Qu'un homme averti en vaut deux
Car on a beau faire, on a beau dire
Ça fait du bien d'être amoureux.

VIVRE DEBOUT

Voilà que l'on se cache
Quand se lève le vent
De peur qu'il ne nous pousse
Vers des combats trop rudes
Voilà que l'on se cache,
Dans chaque amour naissant
Qui nous dit après l'autre
Je suis la certitude
Voilà que l'on se cache
Que notre ombre un instant
Pour mieux fuir l'inquiétude
Soit l'ombre d'un enfant
L'ombre des habitudes
Qu'on a planté en nous
Quand nous avions vingt ans

Serait-il impossible de vivre debout ?

Voilà qu'on s'agenouille
D'être à moitié tombé
Sous l'incroyable poids
De nos croix illusoires
Voilà qu'on s'agenouille
Et déjà retombé
Pour avoir été grand
L'espace d'un miroir
Voilà qu'on s'agenouille
Alors que notre espoir
Se réduit à prier
Alors qu'il est trop tard
Qu'on ne peut plus gagner

A tous ces rendez-vous
Que nous avons manqués

Serait-il impossible de vivre debout ?

Voilà que l'on se couche
Pour la moindre amourette
Pour la moindre fleurette
A qui l'on dit toujours
Voilà que l'on se couche
Pour mieux perdre la tête
Pour mieux brûler l'ennui
A des reflets d'amour
Voilà que l'on se couche
De l'envie qui s'arrête
De prolonger le jour
Pour mieux faire notre cour
A la mort qui s'apprête
Pour être jusqu'au bout
Notre propre défaite.

Serait-il impossible de vivre debout ?

© Editions musicales Pouchenel,
Bruxelles, 1961.

LES PRÉNOMS DE PARIS

Le soleil qui se lève
Et caresse les toits
Et c'est Paris le jour
La Seine qui se promène
Et me guide du doigt
Et c'est Paris toujours
Et mon cœur qui s'arrête
Sur ton cœur qui sourit
Et c'est Paris bonjour
Et ta main dans ma main
Qui me dit déjà oui
Et c'est Paris l'amour
Le premier rendez-vous
A l'Ile Saint-Louis
C'est Paris qui commence
Et le premier baiser
Volé aux Tuileries
Et c'est Paris la chance
Et le premier baiser
Reçu sous un portail
Et c'est Paris romance
Et deux têtes qui tournent
En regardant Versailles
Et c'est Paris la France

Des jours que l'on oublie
Qui oublient de nous voir
Et c'est Paris l'espoir
Des heures où nos regards

Ne sont qu'un seul regard
Et c'est Paris miroir
Rien que des nuits encore
Qui séparent nos chansons
Et c'est Paris bonsoir
Et ce jour-là enfin
Où tu ne dis plus non
Et c'est Paris ce soir
Une chambre un peu triste
Où s'arrête la ronde
Et c'est Paris nous deux
Un regard qui reçoit
La tendresse du monde
Et c'est Paris tes yeux
Ce serment que je pleure
Plutôt que ne le dis
C'est Paris si tu veux
Et savoir que demain
Sera comme aujourd'hui
C'est Paris merveilleux

Mais la fin du voyage
La fin de la chanson
Et c'est Paris tout gris
Dernier jour dernière heure
Première larme aussi
Et c'est Paris la pluie
Ces jardins remontés
Qui n'ont plus leur parure
Et c'est Paris l'ennui
La gare où s'accomplit
La dernière déchirure
Et c'est Paris fini
Loin des yeux loin du cœur
Chassé du Paradis
Et c'est Paris chagrin
Mais une lettre de toi
Une lettre qui dit oui
Et c'est Paris demain
Des villes et des villages
Les roues tremblent de chance

C'est Paris en chemin
Et toi qui m'attends là
Et tout qui recommence
Et c'est Paris je reviens.

CLARA

refrain :

Je t'aimais tant Clara
Je t'aimais tant
Je t'aimais tant Clara
Je t'aimais tant

Carnaval à Rio
Tu peux toujours danser
Carnaval à Rio
Tu n'y peux rien changer
Je suis mort à Paris
Il y a longtemps déjà
Il y a longtemps d'ennui
Il y a longtemps de toi

refrain

Carnaval à Rio
Tu peux toujours chanter
Carnaval à Rio
Tu n'y peux rien changer
Je suis mort à Paris
Tombé au champ d'amour
Pour un prénom de fille
Qui m'avait dit toujours

refrain

Carnaval à Rio
Tu peux toujours tourner
Carnaval à Rio

Tu n'y peux rien changer
Je suis mort à Paris
De m'être trop trompé
De m'être trop meurtri
De m'être trop donné

refrain

Carnaval à Rio
Tu peux me bousculer
Carnaval à Rio
Tu n'y peux rien changer
Je suis mort à Paris
Fusillé par une fleur
Au poteau de son lit
De douze rires dans le cœur

refrain

Carnaval à Rio
Tu peux toujours crier
Carnaval à Rio
Tu n'y peux rien changer
Je suis mort à Paris
Il y a mille soirs
Il y a mille nuits
Il n'y a plus d'espoir

refrain

Carnaval à Rio
Tu peux bien me saouler
Carnaval à Rio
Tu n'y peux rien changer
Je suis mort à Paris
A Paris que j'enterre
Et depuis mille nuits
Dans le fond de mon verre

refrain

Carnaval à Rio
Tu peux carnavaler
Carnaval à Rio

Tu n'y peux rien changer
Je suis mort à Paris
Que la mort me console
La mort est par ici
La mort est espagnole.

refrain

ON N'OUBLIE RIEN

On n'oublie rien, de rien
On n'oublie rien du tout
On n'oublie rien de rien
On s'habitue, c'est tout.

Ni ces départs, ni ces navires
Ni ces voyages qui nous chavirent
De paysages en paysages
Et de visages en visages
Ni tous ces ports, ni tous ces bars
Ni tous ces attrape-cafard
Où l'on attend le matin gris
Au cinéma de son whisky
Ni tout cela, ni rien au monde
Ne sait pas nous faire oublier
Ne peut pas nous faire oublier
Qu'aussi vrai que la terre est ronde.

Ni ces jamais, ni ces toujours
Ni ces je t'aime, ni ces amours
Que l'on poursuit à travers cœurs
De gris en gris, de pleurs en pleurs
Ni ces bras blancs d'une seule nuit
Collier de femme pour notre ennui
Que l'on dénoue au petit jour
Par des promesses de retour
Ni tout cela, ni rien au monde
Ne sait pas nous faire oublier
Ne peut pas nous faire oublier
Qu'aussi vrai que la terre est ronde.

Ni même ce temps où j'aurais fait
Mille chansons de mes regrets
Ni même ce temps où mes souvenirs
Prendront mes rides pour un sourire
Ni ce grand lit où mes remords
Ont rendez-vous avec la mort
Ni ce grand lit que je souhaite
A certains jours comme une fête
Ni tout cela ni rien au monde
Ne sait pas nous faire oublier
Ne peut pas nous faire oublier
Qu'aussi vrai que la terre est ronde.

LES SINGES

Avant eux avant les culs pelés
La fleur l'oiseau et nous étions en liberté
Mais ils sont arrivés et la fleur est en pot
Et l'oiseau est en cage et nous en numéro
Car ils ont inventé prisons et condamnés
Et casiers judiciaires et trous dans la serrure
Et les langues coupées des premières censures
Et c'est depuis lors qu'ils sont civilisés
Les singes, les singes, les singes de mon quartier *(bis)*

Avant eux, il n'y avait pas de problème
Quand poussaient les bananes même pendant le Carême
Mais ils sont arrivés bardés d'intolérance
Pour chasser en apôtres d'autres intolérances
Car ils ont inventé la chasse aux Albigeois
La chasse aux infidèles et la chasse à ceux-là
La chasse aux singes sages qui n'aiment pas chasser
Et c'est depuis lors qu'ils sont civilisés
Les singes, les singes, les singes de mon quartier

Avant eux l'homme était un prince
La femme une princesse, l'amour une province
Mais ils sont arrivés, le prince est un mendiant
La province se meurt, la princesse se vend
Car ils ont inventé l'amour qui est un péché
L'amour qui est une affaire, le marché aux pucelles
Le droit de courte-cuisse et les mères maquerelles
Et c'est depuis lors qu'ils sont civilisés
Les singes, les singes, les singes de mon quartier

Avant eux il y avait paix sur terre
Quand pour dix éléphants il n'y avait qu'un militaire

Mais ils sont arrivés et c'est à coups de bâton
Que la raison d'Etat a chassé la raison
Car ils ont inventé le fer à empaler
Et la chambre à gaz et la chaise électrique
Et la bombe au napalm et la bombe atomique
Et c'est depuis lors qu'ils sont civilisés
Les singes, les singes, les singes de mon quartier
Les singes de mon quartier.

MADELEINE

Ce soir j'attends Madeleine
J'ai apporté du lilas
J'en apporte toutes les semaines
Madeleine elle aime bien ça
Ce soir j'attends Madeleine
On prendra le tram trente-trois
Pour manger des frites chez Eugène
Madeleine elle aime tant ça
Madeleine c'est mon Noël
C'est mon Amérique à moi
Même qu'elle est trop bien pour moi
Comme dit son cousin Joël
Mais ce soir j'attends Madeleine
On ira au cinéma
Je pourrai lui dire des « je t'aime »
Madeleine elle aime tant ça

Elle est tellement jolie
Elle est tellement tout ça
Elle est toute ma vie
Madeleine que j'attends là

Ce soir j'attends Madeleine
Mais il pleut sur mes lilas
Il pleut comme toutes les semaines
Et Madeleine n'arrive pas
Ce soir j'attends Madeleine
C'est trop tard pour le tram trente-trois
Trop tard pour les frites d'Eugène
Et Madeleine n'arrive pas
Madeleine c'est mon horizon

C'est mon Amérique à moi
Même qu'elle est trop bien pour moi
Comme dit son cousin Gaston
Mais ce soir j'attends Madeleine
Il me reste le cinéma
Je lui dirai des « je t'aime »
Madeleine elle aime tant ça

Elle est tellement jolie
Elle est tellement tout ça
Elle est toute ma vie
Madeleine qui n'arrive pas

Ce soir j'attendais Madeleine
Mais j'ai jeté mes lilas
Je les ai jetés comme toutes les semaines
Madeleine ne viendra pas
Ce soir j'attendais Madeleine
C'est fichu pour le cinéma
Je reste avec mes « je t'aime »
Madeleine ne viendra pas
Madeleine c'est mon espoir
C'est mon Amérique à moi
Sûr qu'elle est trop bien pour moi
Comme dit son cousin Gaspard
Ce soir j'attendais Madeleine
Tiens le dernier tram s'en va
On doit fermer chez Eugène
Madeleine ne viendra pas

Elle est pourtant tellement jolie
Elle est pourtant tellement tout ça
Elle est pourtant toute ma vie
Madeleine qui ne viendra pas

Mais demain j'attendrai Madeleine
Je rapporterai du lilas
J'en rapporterai toute la semaine
Madeleine elle aimera ça
Demain j'attendrai Madeleine
On prendra le tram trente-trois
Pour manger des frites chez Eugène

Madeleine elle aimera ça
Madeleine c'est mon espoir
C'est mon Amérique à moi
Tant pis si elle est trop bien pour moi
Comme dit son cousin Gaspard
Demain j'attendrai Madeleine
On ira au cinéma
Je lui dirai des « je t'aime »
Et Madeleine elle aimera ça.

LES BICHES

Elles sont notre premier ennemi
Quand elles s'échappent en riant
Des pâturages de l'ennui
      Les biches
Avec des cils comme des cheveux
Des cheveux en accroche-faon
Et seulement le bout des yeux
      Qui triche
Si bien que le chasseur s'arrête
Et que je sais des ouragans
Qu'elles ont changés en poètes
      Les biches
Et qu'on les chasse de notre esprit
Ou qu'elles nous chassent en rougissant
Elles sont notre premier ennemi
      Les biches de quinze ans

Elles sont notre plus bel ennemi
Quand elles ont l'éclat de la fleur
Et déjà la saveur du fruit
      Les biches
Qui passent toute vertu dehors
Alors que c'est de tout leur cœur
Alors que c'est de tout leur corps
      Qu'elles trichent
Lorsqu'elles broutent le mari
Ou lorsqu'elles broutent le diamant
Sur l'asphalte bleu de Paris
      Les biches
Qu'on les chasse à coups de rubis
Ou qu'elles nous chassent au sentiment

Elles sont notre plus bel ennemi
        Les biches de vingt ans

Elles sont notre pire ennemi
Lorsqu'elles savent leur pouvoir
Mais qu'elles savent leur sursis
        Les biches
Quand un chasseur est une chance
Quand leur beauté se lève tard
Quand c'est avec toute leur science
        Qu'elles trichent
Trompant l'ennui plus que le cerf
Et l'amant avec l'autre amant
Et l'autre amant avec le cerf
        Qui biche
Mais qu'on les chasse à la folie
Ou qu'elles nous chassent du bout des gants
Elles sont notre pire ennemi
        Les biches d'après vingt ans

Elles sont notre dernier ennemi
Quand leurs seins tombent de sommeil
Pour avoir veillé trop de nuits
        Les biches
Quand elles ont le pas résigné
Des pèlerins qui s'en reviennent
Quand c'est avec tout leur passé
        Qu'elles trichent
Afin de mieux nous retenir
Nous qui ne servons à ce temps
Qu'à les empêcher de vieillir
        Les biches
Qu'on les chasse de notre vie
Ou qu'elles nous chassent parce qu'il est temps
Elles restent notre dernier ennemi
        Les biches de trop longtemps.

LES PAUMÉS DU PETIT MATIN

Ils s'éveillent à l'heure du berger
Pour se lever à l'heure du thé
Et sortir à l'heure de plus rien !
Les paumés du petit matin
Elles, elles ont l'arrogance
Des filles qui ont de la poitrine
Eux ils ont cette assurance
Des hommes dont on devine
Que le papa a eu de la chance
Les paumés du petit matin

    Venez danser
    Copain, copain, copain, copain...
    Venez danser
    Et ça danse les yeux dans les seins

Ils se blanchissent leurs nuits
Au lavoir des mélancolies
Qui lave sans salir les mains
Les paumés du petit matin
Ils se racontent à minuit
Les poèmes qu'ils n'ont pas lus
Les romans qu'ils n'ont pas écrits
Les amours qu'ils n'ont pas vécues
Les vérités qui ne servent à rien
Les paumés du petit matin

L'amour leur déchire le foie
C'était, c'était, c'était si bien
C'était... vous ne comprendriez pas...
Les paumés du petit matin

Ils prennent le dernier whisky
Ils prennent le dernier bon mot
Ils reprennent le dernier whisky
Ils prennent le dernier tango
Ils prennent le dernier chagrin
Les paumés du petit matin

> Venez pleurer
> Copain, copain, copain, copain...
> Venez pleurer
> Et ça pleure les yeux dans les seins
> . . . .
> Les paumés du petit matin.

ZANGRA

Je m'appelle Zangra et je suis Lieutenant
Au fort de Belonzio qui domine la plaine
D'où l'ennemi viendra qui me fera héros
En attendant ce jour je m'ennuie quelquefois
Alors je vais au bourg voir les filles en troupeaux
Mais elles rêvent d'amour et moi de mes chevaux

Je m'appelle Zangra et déjà Capitaine
Au fort de Belonzio qui domine la plaine
D'où l'ennemi viendra qui me fera héros
En attendant ce jour, je m'ennuie quelquefois
Alors je vais au bourg, voir la jeune Consuello
Mais elle parle d'amour, et moi de mes chevaux

Je m'appelle Zangra maintenant Commandant
Au fort de Belonzio qui domine la plaine
D'où l'ennemi viendra, qui me fera héros
En attendant ce jour je m'ennuie quelquefois
Alors je vais au bourg boire avec Don Pedro
Il boit à mes amours et moi à ses chevaux

Je m'appelle Zangra je suis vieux Colonel
Au fort de Belonzio qui domine la plaine
D'où l'ennemi viendra qui me fera héros
En attendant ce jour je m'ennuie quelquefois
Alors je vais au bourg voir la veuve de Pedro
Je parle enfin d'amour mais elle de mes chevaux

Je m'appelle Zangra hier trop vieux Général
J'ai quitté Belonzio qui domine la plaine
Et l'ennemi est là ; je ne serai pas héros.

Publié avec l'autorisation
des Editions S.E.M.I./Patricia.

LA STATUE

J'aimerais tenir l'enfant de Marie
Qui a fait graver sous ma statue
« Il a vécu toute sa vie
Entre l'honneur et la vertu »
Moi qui ai trompé mes amis
De faux serment en faux serment
Moi qui ai trompé mes amis
Du jour de l'An au jour de l'An
Moi qui ai trompé mes maîtresses
De sentiment en sentiment
Moi qui ai trompé mes maîtresses
Du printemps jusques au printemps
Ah, cet enfant de Marie je l'aimerais là
Et j'aimerais que les enfants ne me regardent pas

J'aimerais tenir l'enfant de carême
Qui a fait graver sous ma statue
« Les Dieux rappellent ceux qu'ils aiment,
Et c'était lui qu'ils aimaient le plus »
Moi qui n'ai jamais prié Dieu
Que lorsque j'avais mal aux dents
Moi qui n'ai jamais prié Dieu
Que quand j'ai eu peur de Satan
Moi qui n'ai prié Satan
Que lorsque j'étais amoureux
Moi qui n'ai prié Satan
Que quand j'ai eu peur du Bon Dieu
Ah, cet enfant de carême je l'aimerais là
Et j'aimerais que les enfants ne me regardent pas

J'aimerais tenir l'enfant de salaud
Qui a fait graver sous ma statue
« Il est mort comme un héros
Il est mort comme on ne meurt plus »
Moi qui suis parti faire la guerre
Parce que je m'ennuyais tellement
Moi qui suis parti faire la guerre
Pour voir si les femmes des Allemands
Moi qui suis mort à la guerre
Parce que les femmes des Allemands
Moi qui suis mort à la guerre
De n'avoir pu faire autrement
Ah, cet enfant de salaud je l'aimerais là
Et j'aimerais que mes enfants ne me regardent pas.

© Ed. S.E.M.I. et Pouchenel,
Paris-Bruxelles, 1962.
Publié avec l'autorisation
des Editions S.E.M.I./Patricia.

LES BOURGEOIS

Le cœur bien au chaud
Les yeux dans la bière
Chez la grosse Adrienne de Montalant
Avec l'ami Jojo
Et avec l'ami Pierre
On allait boire nos vingt ans
Jojo se prenait pour Voltaire
Et Pierre pour Casanova
Et moi, moi qui étais le plus fier
Moi, moi je me prenais pour moi
Et quand vers minuit passaient les notaires
Qui sortaient de l'hôtel des « Trois Faisans »
On leur montrait notre cul et nos bonnes manières
En leur chantant

    Les bourgeois c'est comme les cochons
    Plus ça devient vieux plus ça devient bête
    Les bourgeois c'est comme les cochons
    Plus ça devient vieux plus ça devient...

Le cœur bien au chaud
Les yeux dans la bière
Chez la grosse Adrienne de Montalant
Avec l'ami Jojo
Et avec l'ami Pierre
On allait brûler nos vingt ans
Voltaire dansait comme un vicaire
Et Casanova n'osait pas
Et moi, moi qui restais le plus fier
Moi j'étais presque aussi saoul que moi
Et quand vers minuit passaient les notaires

Qui sortaient de l'hôtel des « Trois Faisans »
On leur montrait notre cul et nos bonnes manières
En leur chantant

Les bourgeois c'est comme les cochons
Plus ça devient vieux plus ça devient bête
Les bourgeois c'est comme les cochons
Plus ça devient vieux plus ça devient...

Le cœur au repos
Les yeux bien sur terre
Au bar de l'hôtel des « Trois Faisans »
Avec maître Jojo
Et avec maître Pierre
Entre notaires on passe le temps
Jojo parle de Voltaire
Et Pierre de Casanova
Et moi, moi qui suis resté le plus fier
Moi, moi je parle encore de moi
Et c'est en sortant vers minuit Monsieur le Commissaire
Que tous les soirs de chez la Montalant
De jeunes « peigne-culs » nous montrent leur derrière
En nous chantant

Les bourgeois c'est comme les cochons
Plus ça devient vieux plus ça devient bête
Disent-ils Monsieur le commissaire
Les bourgeois c'est comme les cochons
Plus ça devient vieux plus ça devient...

LE PLAT PAYS

Avec la mer du Nord pour dernier terrain vague
Et avec des vagues de dunes pour arrêter les vagues
Et de vagues rochers que les marées dépassent
Et qui ont à jamais le cœur à marée basse
Avec infiniment de brumes à venir
Avec le vent de l'est écoutez-le tenir
Le plat pays qui est le mien

Avec des cathédrales pour uniques montagnes
Et de noirs clochers comme mâts de cocagne
Où des diables en pierre décrochent les nuages
Avec le fil des jours pour unique voyage
Et des chemins de pluie pour unique bonsoir
Avec le vent d'ouest écoutez-le vouloir
Le plat pays qui est le mien

Avec un ciel si bas qu'un canal s'est perdu
Avec un ciel si bas qu'il fait l'humilité
Avec un ciel si gris qu'un canal s'est pendu
Avec un ciel si gris qu'il faut lui pardonner
Avec le vent du nord qui vient s'écarteler
Avec le vent du nord écoutez-le craquer
Le plat pays qui est le mien

Avec de l'Italie qui descendrait l'Escaut
Avec Frida la Blonde quand elle devient Margot
Quand les fils de novembre nous reviennent en mai
Quand la plaine est fumante et tremble sous juillet
Quand le vent est au rire quand le vent est au blé
Quand le vent est au sud écoutez-le chanter
Le plat pays qui est le mien

UNE ILE

Une île au large de l'espoir
Où les hommes n'auraient pas peur
Et douce et calme comme ton miroir
Une île
Claire comme un matin de Pâques
Offrant l'océane langueur
D'une sirène à chaque vague
Viens
Viens mon amour
Là-bas ne seraient point ces fous
Qui nous disent d'être sages
Ou que vingt ans est le bel âge
Voici venu le temps de vivre
Voici venu le temps d'aimer

Une île
Une île au large de l'amour
Posée sur l'autel de la mer
Satin couché sur le velours
Une île
Chaude comme la tendresse
Espérante comme un désert
Qu'un nuage de pluie caresse
Viens
Viens mon amour
Là-bas ne seraient point ces fous
Qui nous cachent les longues plages
Viens mon amour
Fuyons l'orage
Voici venu le temps de vivre
Voici venu le temps d'aimer

Une île qu'il nous reste à bâtir
Mais qui donc pourrait retenir
Les rêves que l'on rêve à deux
Une île
Voici qu'une île est en partance
Et qui sommeillait en nos yeux
Depuis les portes de l'enfance
Viens
Viens mon amour
Car c'est là-bas que tout commence
Je crois à la dernière chance
Et tu es celle que je veux
Voici venu le temps de vivre
Voici venu le temps d'aimer
Une île.

BRUXELLES

C'était au temps où Bruxelles rêvait
C'était au temps du cinéma muet
C'était au temps où Bruxelles chantait
C'était au temps où Bruxelles bruxellait

Place de Brouckère on voyait des vitrines
Avec des hommes des femmes en crinoline
Place de Brouckère on voyait l'omnibus
Avec des femmes des messieurs en gibus
Et sur l'impériale
Le cœur dans les étoiles
Il y avait mon grand-père
Il y avait ma grand-mère
Il était militaire
Elle était fonctionnaire
Il pensait pas elle pensait rien
Et on voudrait que je sois malin

C'était au temps où Bruxelles chantait
C'était au temps du cinéma muet
C'était au temps où Bruxelles rêvait
C'était au temps où Bruxelles bruxellait

Sur les pavés de la place Sainte-Catherine
Dansaient les hommes les femmes en crinoline
Sur les pavés dansaient les omnibus
Avec des femmes des messieurs en gibus
Et sur l'impériale
Le cœur dans les étoiles
Il y avait mon grand-père
Il y avait ma grand-mère

Il avait su y faire
Elle l'avait laissé faire
Ils l'avaient donc fait tous les deux
Et on voudrait que je sois sérieux

C'était au temps où Bruxelles rêvait
C'était au temps du cinéma muet
C'était au temps où Bruxelles dansait
C'était au temps où Bruxelles bruxellait

Sous les lampions de la place Sainte-Justine
Chantaient les hommes les femmes en crinoline
Sous les lampions dansaient les omnibus
Avec des femmes des messieurs en gibus
Et sur l'impériale
Le cœur dans les étoiles
Il y avait mon grand-père
Il y avait ma grand-mère
Il attendait la guerre
Elle attendait mon père
Ils étaient gais comme le canal
Et on voudrait que j'aie le moral

C'était au temps où Bruxelles rêvait
C'était au temps du cinéma muet
C'était au temps où Bruxelles chantait
C'était au temps où Bruxelles bruxellait.

CHANSON SANS PAROLES

J'aurais aimé ma belle
T'écrire une chanson
Sur cette mélodie
Rencontrée une nuit
J'aurais aimé ma belle
Rien qu'au point d'Alençon
T'écrire un long poème
T'écrire un long « je t'aime »

Je t'aurais dit « amour »
Je t'aurais dit « toujours »
Mais de mille façons
Mais par mille détours
Je t'aurais dit « partons »
Je t'aurais dit « brûlons »
Brûlons de jour en jour
De saisons en saisons

Mais le temps que s'allume
L'idée sur le papier
Le temps de prendre une plume
Le temps de la tailler
Mais le temps de me dire
Comment vais-je l'écrire
Et le temps est venu
Où tu ne m'aimais plus *(bis)*.

© Ed. S.E.M.I. et Pouchenel,
Paris Bruxelles, 1963.
Publié avec l'autorisation
des Editions S.E.M.I./Patricia.

LE CAPORAL CASSE-POMPON

Mon ami est un type énorme
Il aime la trompette et le clairon
Tout en préférant le clairon
Qu'est une trompette en uniforme
Mon ami est une valeur sûre
Qui dit souvent sans prétention
Qu'à la minceur des épluchures
On voit la grandeur des nations

Subséquemment subséquemment
Subséquemment que je ne comprends pas
Pourquoi souvent ses compagnons
L'appellent
L'appellent
Caporal casse-pompon

Mon ami est un doux poète
Dans son jardin, quand vient l'été
Faut le voir planter ses mitraillettes
Ou bien creuser ses petites tranchées
Mon ami est un homme plein d'humour
C'est lui qu'a trouvé ce bon mot
Que je vous raconte à mon tour
Ich slaffen at si auz wihr prellen zie

Subséquemment subséquemment
Subséquemment que je ne comprends pas
Pourquoi souvent ses compagnons
L'appellent
L'appellent
Caporal casse-pompon

Mon ami est un doux rêveur
Pour lui Paris c'est une caserne
Et Berlin un petit champ de fleurs
Qui va de Moscou à l'Auvergne
Son rêve revoir Paris au printemps
Redéfiler en tête de son groupe
En chantant comme tous les vingt-cinq ans
Baisse ta gaine Gretchen que je baise ta
    croupe (ein zwei)

Subséquemment subséquemment
Subséquemment que nous ne comprenons
Comment nos amis les Franzosen
Ils osent ils osent l'appler
Caporal casse-pompon (ein zwei).

ROSA

C'est le plus vieux tango du monde
Celui que les têtes blondes
Anonnent comme une ronde
En apprenant leur latin
C'est le tango du collège
Qui prend les rêves au piège
Et dont il est sacrilège
De ne pas sortir malin
C'est le tango des bons pères
Qui surveillent l'œil sévère
Les Jules et les Prosper
Qui seront la France de demain

refrain :

Rosa rosa rosam
Rosae rosae rosa
Rosae rosae rosas
Rosarum rosis rosis

C'est le tango des forts en thème
Boutonneux jusqu'à l'extrême
Et qui recouvrent de laine
Leur cœur qui est déjà froid
C'est le tango des forts en rien
Qui déclinent de chagrin
Et qui seront pharmaciens
Parce que papa ne l'était pas
C'est le temps où j'étais dernier
Car ce tango rosa rosae
J'inclinais à lui préférer
Déjà ma cousine Rosa

C'est le tango des promenades
Deux par seul sous les arcades
Cernés de corbeaux et d'alcades
Qui nous protégeaient des pourquoi
C'est le tango de la pluie sur la cour
Le miroir d'une flaque sans amour
Qui m'a fait comprendre un beau jour
Que je ne serais pas Vasco de Gama
Mais c'est le tango du temps béni
Où pour un baiser trop petit
Dans la clairière d'un jeudi
A rosi cousine Rosa

refrain

C'est le tango du temps des zéros
J'en avais tant des minces des gros
Que j'en faisais des tunnels pour Charlot
Des auréoles pour Saint François
C'est le tango des récompenses
Qui allaient à ceux qui ont la chance
D'apprendre dès leur enfance
Tout ce qui ne leur servira pas
Mais c'est le tango que l'on regrette
Une fois que le temps s'achète
Et que l'on s'aperçoit tout bête
Qu'il y a des épines aux Rosa

refrain

LES BIGOTES

Elles vieillissent à petits pas
De petits chiens en petits chats
Les bigotes
Elles vieillissent d'autant plus vite
Qu'elles confondent l'amour et l'eau bénite
Comme toutes les bigotes
Si j'étais diable en les voyant parfois
Je crois que je me ferais châtrer
Si j'étais Dieu en les voyant prier
Je crois que je perdrais la foi
Par les bigotes

Elles processionnent à petits pas
De bénitier en bénitier
Les bigotes
Et patati et patata
Mes oreilles commencent à siffler
Les bigotes
Vêtues de noir comme Monsieur le Curé
Qui est trop bon avec les créatures
Elles s'embigotent les yeux baissés
Comme si Dieu dormait sous leurs chaussures
De bigotes

Le Samedi soir après le turbin
On voit l'ouvrier parisien
Mais pas de bigotes
Car c'est au fond de leur maison
Qu'elles se préservent des garçons
Les bigotes
Qui préfèrent se ratatiner

De vêpres en vêpres, de messe en messe
Toutes fières d'avoir pu conserver
Le diamant qui dort entre leurs f...
De bigotes

Puis elles meurent à petits pas
A petit feu, en petits tas
Les bigotes
Qui cimetièrent à petits pas
Au petit jour d'un petit froid
De bigotes
Et dans le ciel qui n'existe pas
Les anges font vite un paradis pour elles
Une auréole et deux bouts d'ailes
Et elles s'envolent... à petits pas
De bigotes.

LES FILLES ET LES CHIENS

Les filles
C'est beau comme un jeu
C'est beau comme un feu
C'est beaucoup trop peu
Les filles
C'est beau comme un fruit
C'est beau comme la nuit
C'est beaucoup d'ennuis
Les filles
C'est beau comme un renard
C'est beau comme un retard
C'est beaucoup trop tard
Les filles
C'est beau tant que ça peut
C'est beau comme l'adieu
Et c'est beaucoup mieux
Mais les chiens
C'est beau comme des chiens
Et ça reste là
A nous voir pleurer
Les chiens
Ça ne nous dit rien
C'est peut-être pour ça
Qu'on croit les aimer

Les filles
Ça vous pend au nez
Ça vous prend au thé
Ça vous prend les dés
Les filles
Ça vous pend au cou
Ça vous pend au clou

Ça dépend de vous
Les filles
Ça vous pend au cœur
Ça se pend aux fleurs
Ça dépend des heures
Les filles
Ça dépend de tout
Ça dépend surtout
Ça dépend des sous
Mais les chiens
Ça ne dépend de rien
Et ça reste là
A nous voir pleurer
Les chiens
Ça ne nous dit rien
C'est peut-être pour ça
Qu'on croit les aimer

Les filles
Ça joue au cerceau
Ça joue du cerveau
Ça se joue tango
Les filles
Ça joue l'amadou
Ça joue contre joue
Ça se joue de vous
Les filles
Ça joue à jouer
Ça joue à aimer
Ça joue pour gagner
Les filles
Qu'elles jouent les petites femmes
Qu'elles jouent les grandes dames
Ça se joue en drames
Mais les chiens
Ça ne joue à rien
Parce que ça ne sait pas
Comment faut tricher
Les chiens
Ça ne joue à rien
C'est peut-être pour ça
Qu'on croit les aimer

Les filles
Ça donne à rêver
Ça donne à penser
Ça vous donne congé
Les filles
Ça se donne pourtant
Ça se donne un temps
C'est « donnant donnant »
Les filles
Ça donne de l'amour
A chacun son tour
Ça donne sur la cour
Les filles
Ça vous donne son corps
Ça se donne si fort
Que ça donne des remords
Mais les chiens
Ça ne vous donne rien
Parce que ça ne sait pas
Faire semblant de donner
Les chiens
Ça ne vous donne rien
C'est peut-être pour ça
Qu'on doit les aimer

Et c'est pourtant pour les filles
Qu'au moindre matin
Qu'au moindre chagrin
On renie ses chiens.

LA PARLOTE

C'est elle qui remplit les squares
Les promenades les salons de thé
C'est elle qui raconte l'histoire
Quand elle ne l'a pas inventée
La Parlote, la Parlote
C'est elle qui sort toutes les nuits
Et ne s'apaise qu'au petit jour
Pour s'éveiller après l'amour
Entre deux amants éblouis
La Parlote, la Parlote
C'est là qu'on dit qu'on a dit oui
C'est là qu'on dit qu'on a dit non
C'est le support de l'assurance
Et le premier apéritif de France
La Parlote, la Parlote
La Parlote, la Parlote

Marchant sur la pointe des lèvres
Moitié fakir et moitié vandale
D'un faussaire elle fait un orfèvre
D'un fifrelin elle fait un scandale
La Parlote, la Parlote
C'est elle qui attire la candeur
Dans les filets d'une promenade
C'est par elle que l'amour en fleur
Souvent se meurt dans les salades
La Parlote, la Parlote
Par elle j'ai changé le monde
J'ai même fait battre tambour
Pour charger une Pompadour
Pas même belle pas même blonde

La Parlote, la Parlote
La Parlote, la Parlote

C'est au bistrot qu'elle rend ses sentences
Et nous rassure en nous assurant
Que ceux qu'on aime n'ont pas eu de chance
Que ceux qu'on n'aime pas en ont tellement
La Parlote, la Parlote
Si c'est elle qui sèche les yeux
Si c'est elle qui sèche les pleurs
C'est elle qui dessèche les vieux
C'est elle qui dessèche les cœurs
La Parlote, la Parlote
C'est elle qui vraiment s'installe
Quand on n'a plus rien à se dire
C'est l'épitaphe c'est la pierre tombale
Des amours qu'on a laissé mourir
La Parlote, la Parlote,
La Parlote, la Parlote.

LA FANETTE

Nous étions deux amis et Fanette m'aimait
La plage était déserte et dormait sous juillet
Si elles s'en souviennent les vagues vous diront
Combien pour la Fanette j'ai chanté de chansons

> Faut dire
> Faut dire qu'elle était belle
> Comme une perle d'eau
> Faut dire qu'elle était belle
> Et je ne suis pas beau
> Faut dire
> Faut dire qu'elle était brune
> Tant la dune était blonde
> Et tenant l'autre et l'une
> Moi je tenais le monde
> Faut dire
> Faut dire que j'étais fou
> De croire à tout cela
> Je le croyais à nous
> Je la croyais à moi
> Faut dire
> Qu'on ne nous apprend pas
> A se méfier de tout

Nous étions deux amis et Fanette m'aimait
La plage était déserte et mentait sous juillet
Si elles s'en souviennent les vagues vous diront
Comment pour la Fanette s'arrêta la chanson

Faut dire
Faut dire qu'en sortant
D'une vague mourante
Je les vis s'en allant
Comme amant et amante
Faut dire
Faut dire qu'ils ont ri
Quand ils m'ont vu pleurer
Faut dire qu'ils ont chanté
Quand je les ai maudits
Faut dire
Que c'est bien ce jour-là
Qu'ils ont nagé si loin
Qu'ils ont nagé si bien
Qu'on ne les revit pas
Faut dire
Qu'on ne nous apprend pas...
Mais parlons d'autre chose

Nous étions deux amis et Fanette l'aimait
La plage est déserte et pleure sous juillet
Et le soir quelquefois
Quand les vagues s'arrêtent
J'entends comme une voix
J'entends... c'est la Fanette.

LES FENÊTRES

Les fenêtres nous guettent
Quand notre cœur s'arrête
En croisant Louisette
Pour qui brûlent nos chairs
Les fenêtres rigolent
Quand elles voient la frivole
Qui offre sa corolle
A un clerc de notaire
Les fenêtres sanglotent
Quand à l'aube falote
Un enterrement cahote
Jusqu'au vieux cimetière
Mais les fenêtres froncent
Leurs corniches de bronze
Quand elles voient les ronces
Envahir leur lumière

Les fenêtres murmurent
Quand tombent en chevelure
Les pluies de la froidure
Qui mouillent les adieux
Les fenêtres chantonnent
Quand se lève à l'automne
Le vent qui abandonne
Les rues aux amoureux
Les fenêtres se taisent
Quand l'hiver les apaise
Et que la neige épaisse
Vient leur fermer les yeux
Mais les fenêtres jacassent
Quand une femme passe

Qui habite l'impasse
Où passent les Messieurs

La fenêtre est un œuf
Quand elle est œil-de-bœuf
Qui attend comme un veuf
Au coin d'un escalier
La fenêtre bataille
Quand elle est soupirail
D'où le soldat mitraille
Avant de succomber
Les fenêtres musardent
Quand elles sont mansardes
Et abritent les hardes
D'un poète oublié
Mais les fenêtres gentilles
Se recouvrent de grilles
Si par malheur on crie
Vive la liberté

Les fenêtres surveillent
L'enfant qui s'émerveille
Dans un cercle de vieilles
A faire ses premiers pas
Les fenêtres sourient
Quand quinze ans trop jolis
Et quinze ans trop grandis
S'offrent un premier repas
Les fenêtres menacent
Les fenêtres grimacent
Quand parfois j'ai l'audace
D'appeler un chat un chat
Mais les fenêtres me suivent
Me suivent et me poursuivent
Jusqu'à ce que peur s'ensuive
Tout au fond de mes draps

Les fenêtres souvent
Traitent impunément
De voyous des enfants
Qui cherchent qui aimer
Les fenêtres souvent

Soupçonnent ces manants
Qui dorment sur les bancs
Et parlent l'étranger
Les fenêtres souvent
Se ferment en riant
Se ferment en criant
Quand on y va chanter
Ah ! je n'ose pas penser
Qu'elles servent à voiler
Plus qu'à laisser entrer
La lumière de l'été

Non je préfère penser ⎫
Qu'une fenêtre fermée ⎬ *(bis)*
Ça ne sert qu'à aider ⎪
Les amants à s'aimer. ⎭

LES VIEUX

Les vieux ne parlent plus ou alors seulement parfois du
[bout des yeux
Même riches ils sont pauvres, ils n'ont plus d'illusions et
[n'ont qu'un cœur pour deux
Chez eux ça sent le thym, le propre, la lavande et le verbe
[d'antan
Que l'on vive à Paris on vit tous en province quand on vit
[trop longtemps
Est-ce d'avoir trop ri que leur voix se lézarde quand ils
[parlent d'hier
Et d'avoir trop pleuré que des larmes encore leur perlent
[aux paupières
Et s'ils tremblent un peu est-ce de voir vieillir la pendule
[d'argent
Qui ronronne au salon, qui dit oui qui dit non, qui dit : je
[vous attends

Les vieux ne rêvent plus, leurs livres s'ensommeillent, leurs
[pianos sont fermés
Le petit chat est mort, le muscat du dimanche ne les fait
[plus chanter
Les vieux ne bougent plus leurs gestes ont trop de rides leur
[monde est trop petit
Du lit à la fenêtre, puis du lit au fauteuil et puis du lit au lit
Et s'ils sortent encore bras dessus bras dessous tout habillés
[de raide
C'est pour suivre au soleil l'enterrement d'un plus vieux,
[l'enterrement d'une plus laide
Et le temps d'un sanglot, oublier toute une heure la
[pendule d'argent
Qui ronronne au salon, qui dit oui qui dit non, et puis qui
[les attend

236

Les vieux ne meurent pas, ils s'endorment un jour et
[dorment trop longtemps
Ils se tiennent la main, ils ont peur de se perdre et se
[perdent pourtant
Et l'autre reste là, le meilleur ou le pire, le doux ou le
[sévère
Cela n'importe pas, celui des deux qui reste se retrouve en
[enfer
Vous le verrez peut-être, vous la verrez parfois en pluie et
[en chagrin
Traverser le présent en s'excusant déjà de n'être pas plus
[loin
Et fuir devant vous une dernière fois la pendule d'argent
Qui ronronne au salon, qui dit oui qui dit non, qui leur dit :
[je t'attends
Qui ronronne au salon, qui dit oui qui dit non et puis qui
[nous attend.

LES TOROS

Les toros s'ennuient le dimanche
Quand il s'agit de courir pour nous
Un peu de sable du soleil et des planches
Un peu de sang pour faire un peu de boue
C'est l'heure où les épiciers se prennent pour Don Juan
C'est l'heure où les Anglaises se prennent pour
[Montherlant

Ah !
Qui nous dira à quoi ça pense
Un toro qui tourne et danse
Et s'aperçoit soudain qu'il est tout nu
Ah !
Qui nous dira à quoi ça rêve
Un toro dont l'œil se lève
Et qui découvre les cornes des cocus

Les toros s'ennuient le dimanche
Quand il s'agit de souffrir pour nous
Voici les picadors et la foule se venge
Voici les toreros la foule est à genoux
C'est l'heure où les épiciers se prennent pour Garcia Lorca
C'est l'heure où les Anglaises se prennent pour la
[Carmencita

Les toros s'ennuient le dimanche
Quand il s'agit de mourir pour nous
Mais l'épée va plonger et la foule se penche
Mais l'épée a plongé et la foule est debout
C'est l'instant de triomphe où les épiciers se prennent pour
[Néron
C'est l'instant de triomphe où les Anglaises se prennent
[pour Wellington

Ah !
Est-ce qu'en tombant à terre
Les toros rêvent d'un enfer
Où bruleraient hommes et toreros défunts
Ah !
Ou bien à l'heure du trépas
Ne nous pardonneraient-ils pas
En pensant à Carthage, Waterloo et Verdun.

J'AIMAIS

J'aimais les fées et les princesses
Qu'on me disait n'exister pas
J'aimais le feu et la tendresse
Tu vois je vous rêvais déjà

J'aimais les tours hautes et larges
Pour voir au large venir l'amour
J'aimais les tours de cœur de garde
Tu vois je vous guettais déjà

J'aimais le col ondoyant des vagues
Les saules nobles languissant vers moi
J'aimais la ligne tournante des algues
Tu vois je vous savais déjà

J'aimais courir jusqu'à tomber
J'aimais la nuit jusqu'au matin
Je n'aimais rien non j'ai adoré
Tu vois je vous aimais déjà

J'aimais l'été pour ses orages
Et pour la foudre sur le toit
J'aimais l'éclair sur ton visage
Tu vois je vous brûlais déjà

J'aimais la pluie noyant l'espace
Au long des brumes du pays plat
J'aimais la brume que le vent chasse
Tu vois je vous pleurais déjà

J'aimais la vigne et le houblon
Les villes du Nord les laides de nuit
Les fleuves profonds m'appelant au lit
Tu vois je vous oubliais déjà.

© Editions musicales Pouchenel,
Bruxelles, 1963.

LES CROCODILES

Quand on les voit le lundi ils manquent de sous
Quand on les voit le mardi ils veulent des sous
Le mercredi le jeudi ils gagnent des sous
Quand arrive le vendredi ils ont des sous
Toute la journée du samedi ils comptent leurs sous
Et le dimanche jusqu'à midi ils rêvent de sous

Mais les qui mais les quoi mais les comme qui mais les
[comme quoi
Les crocodiles...

Tu leur dis que tu vas bien c'est pas normal
Tu leur dis que tu vas mal c'est général
Tu parles du général c'est un scandale
Alors tu parles de toi c'est trop banal
Alors tu parles d'amour c'est immoral
Alors tu dis n'importe quoi c'est triomphal

Avec les qui avec les quoi avec les comme qui avec les
[comme quoi
Les crocodiles...

D'enterrement en enterrement on les revoit
Dignes dignes dignes dong on ne meurt qu'une fois
Ils y viennent pour pleurer ils pleureront
Et puis la main sur le cœur ils vous diront
Il est parti le premier c'était le meilleur
Puis ils partent avec sa femme, sa fille et sa sœur

Les peaux de qui, les peaux de quoi
Les peaux de crocodiles...

A Paris on dit qu'ils vivent à Hong Kong
A Hong Kong on dit qu'ils vivent à Paris
Sur ma place on dit qu'ils vivent juste en face
Juste en face on dit qu'ils vivent un peu plus loin
Mais moi je suis sûr qu'ils vivent chez mes voisins
Et tous les voisins sont sûrs que j'en suis un
Mais un qui mais un quoi mais un comme qui mais un
                                        [comme toi

Mais un qui mais un quoi mais un comme qui mais un
                                        [comme moi
Un crocodi i i i le...

QUAND MAMAN REVIENDRA

Quand ma maman reviendra
C'est mon papa qui sera content
Quand elle reviendra maman
Qui c'est qui sera content : c'est moi
Elle reviendra comme chaque fois
A cheval sur un chagrin d'amour
Et pour mieux fêter son retour
Toute la sainte famille sera là
Et elle me rechantera les chansons
Les chansons que j'aimais tellement
On a tellement besoin de chansons
Quand il paraît qu'on a vingt ans

Quand mon frère il reviendra
C'est mon papa qui sera content
Quand il reviendra le Fernand
Qui c'est qui sera content : c'est moi
Il reviendra de sa prison
Toujours à cheval sur ses principes
Il reviendra et toute l'équipe
L'accueillera sur le perron
Et il me racontera les histoires
Les histoires que j'aimais tellement
On a tellement besoin d'histoires
Quand il paraît qu'on a vingt ans

Quand ma sœur elle reviendra
C'est mon papa qui sera content
Quand reviendra la fille de maman
Qui c'est qui sera content : c'est moi
Elle nous reviendra de Paris

Sur le cheval d'un prince charmant
Elle reviendra et toute la famille
L'accueillera en pleurant
Et elle me redonnera son sourire
Son sourire que j'aimais tellement
On a tellement besoin de sourires
Quand il paraît qu'on a vingt ans

Quand mon papa reviendra
C'est mon papa qui sera content
Quand il reviendra en gueulant
Qui c'est qui sera content : c'est moi
Il reviendra du bistrot du coin
A cheval sur une idée noire
Il reviendra que quand il sera noir
Que quand il en aura besoin
Et il me redonnera des soucis
Des soucis que j'aime pas tellement
Mais il paraît qu'il faut des soucis
Quand il paraît qu'on a vingt ans

Si ma maman revenait
Qu'est-ce qui serait content papa
Si ma maman revenait
Qui c'est qui serait content : c'est moi.

VIEILLE

C'est pour pouvoir enfin botter les fesses
A ces vieillards qui nous ont dit
Que nos vingt ans que notre jeunesse
Etaient le plus beau temps de la vie
C'est pour pouvoir enfin botter le cœur
A ceux qui nous volent nos nuits
Ces maladroits qui n'ont que leur ardeur
Croulants qui n'ont que leur ennui

    C'est pour cela jeunes gens
    Qu'au fond de moi s'éveille
    Le désir charmant
    De devenir vieille

C'est pour pouvoir un jour enfin leur dire
A celles qui me jugent avec fureur
« Pauvres grognasses » c'est pour pouvoir vous dire
« Je vous pardonne votre laideur »
C'est pour pouvoir leur dire à ces matrones
Qui mille fois m'ont condamnée
« Comment voulez-vous que l'on vous pardonne
Vous qui n'avez même pas péché »

    C'est pour cela jeunes gens
    Qu'au fond de moi s'éveille
    Le désir charmant
    De devenir vieille

C'est pour pouvoir au jardin de mon cœur
Ne soigner que mes souvenirs
Vienne le temps où femme peut s'attendrir

Et ne plus jalouser les fleurs
C'est pour pouvoir enfin chanter l'amour
Sur la cithare de la tendresse
Et pour qu'enfin on me fasse la cour
Pour d'autres causes que mes fesses

      C'est pour cela jeunes gens
      Qu'au fond de moi s'éveille
      Le désir charmant
      De devenir vieille

C'est pour pouvoir un jour oser lui dire
Que je n'ai bu qu'à sa santé
Que quand j'ai ri c'était de le voir rire
Que j'étais seule quand j'ai pleuré
C'est pour pouvoir enfin oser lui dire

Un soir en filant de la laine
Qu'en le trompant mais ça oserai-je le dire
Je me suis bien trompée moi-même

      C'est pour cela jeunes gens
      Qu'au fond de moi s'éveille
      Le désir charmant
      De devenir vieille.

JE PRENDRAI

Je prendrai
Dans les yeux d'un ami
Ce qu'il y a de plus chaud, de plus beau
Et de plus tendre aussi
Qu'on ne voit que deux ou trois fois
Durant toute une vie
Et qui fait que cet ami est notre ami

Je prendrai
Un nuage de ma jeunesse
Qui passait rond et blanc
Par-dessus ma tête et souvent
Et qui aux jours de faiblesse
Ressemblait à ma mère
Et aux jours de colère à un lion
Un beau nuage douillet et rond et confortable

Je prendrai
Ce ruisseau clair et frêle d'avril
Qui disparaît aux premiers froids
Qui disparaît tout l'hiver
Et coule alors paraît-il sur la table des Noces de Cana

Je prendrai
Ma lampe la meilleure
Pas celle qui éclaire
Non celle qui illumine
Et rend joli et appelle de loin

Je prendrai
Un lit un grand le mien
Et qui sait ce que c'est qu'un homme
Et son chagrin
Un grand lit d'être humain

Je prendrai tout cela
Et puis je bâtirai
Je bâtirai et j'appellerai les gens
Qui passeront dans la rue
Et je leur montrerai
Ma crèche de Noël.

AMSTERDAM

Dans le port d'Amsterdam
Y a des marins qui chantent
Les rêves qui les hantent
Au large d'Amsterdam
Dans le port d'Amsterdam
Y a des marins qui dorment
Comme des oriflammes
Le long des berges mornes
Dans le port d'Amsterdam
Y a des marins qui meurent
Pleins de bière et de drames
Aux premières lueurs
Mais dans le port d'Amsterdam
Y a des marins qui naissent
Dans la chaleur épaisse
Des langueurs océanes

Dans le port d'Amsterdam
Y a des marins qui mangent
Sur des nappes trop blanches
Des poissons ruisselants
Ils vous montrent des dents
A croquer la fortune
A décroisser la lune
A bouffer des haubans
Et ça sent la morue
Jusque dans le cœur des frites
Que leurs grosses mains invitent
A revenir en plus
Puis se lèvent en riant
Dans un bruit de tempête
Referment leur braguette
Et sortent en rotant

Dans le port d'Amsterdam
Y a des marins qui dansent
En se frottant la panse
Sur la panse des femmes
Et ils tournent et ils dansent
Comme des soleils crachés
Dans le son déchiré
D'un accordéon rance
Ils se tordent le cou
Pour mieux s'entendre rire
Jusqu'à ce que tout à coup
L'accordéon expire
Alors le geste grave
Alors le regard fier
Ils ramènent leur batave
Jusqu'en pleine lumière

Dans le port d'Amsterdam
Y a des marins qui boivent
Et qui boivent et reboivent
Et qui reboivent encore
Ils boivent à la santé
Des putains d'Amsterdam
De Hambourg ou d'ailleurs
Enfin ils boivent aux dames
Qui leur donnent leur joli corps
Qui leur donnent leur vertu
Pour une pièce en or
Et quand ils ont bien bu
Se plantent le nez au ciel
Se mouchent dans les étoiles
Et ils pissent comme je pleure
Sur les femmes infidèles

Dans le port d'Amsterdam
Dans le port d'Amsterdam.

© Editions musicales Pouchenel,
Bruxelles, 1964.

LES TIMIDES

Les timides
Ça se tortille
Ça s'entortille
Ça sautille
Ça se met en vrille
Ça se recroqueville
Ça rêve d'être un lapin
Peu importe
D'où ils sortent
Mais feuilles mortes
Quand le vent les porte
Devant nos portes
On dirait qu'ils portent
Une valise dans chaque main

Les timides
Suivent l'ombre
L'ombre sombre
De leur ombre
Seule la pénombre
Sait le nombre
De leurs pudeurs de Levantin
Ils se plissent
Ils pâlissent
Ils jaunissent
Ils rosissent
Ils rougissent
S'écrevissent
Une valise dans chaque main

Mais les timides
Un soir d'audace
Devant leur glace

Rêvant d'espace
Mettent leur cuirasse
Et alors place
Allons Paris tiens-toi bien
Et vive la gare
St-Lazare
Mais on s'égare
On s'effare
On se désempare
Et on repart
Une valise dans chaque main

Les timides
Quand ils chavirent
Pour une Elvire
Ont des soupirs
Ont des désirs
Qu'ils désirent dire
Mais ils n'osent pas bien
Et leurs maîtresses
Plus prêtresses
En ivresse
Qu'en tendresse
Un soir les laissent
Du bout des fesses
Une valise dans chaque main

Les timides
Alors vieillissent
Alors finissent
Se rapetissent
Et quand ils glissent
Dans les abysses
Je veux dire quand ils meurent
N'osent rien dire
Rien maudire
N'osent frémir
N'osent sourire
Juste un soupir
Et ils meurent
Une valise sur le cœur.

LE DERNIER REPAS

A mon dernier repas
Je veux voir mes frères
Et mes chiens et mes chats
Et le bord de la mer
A mon dernier repas
Je veux voir mes voisins
Et puis quelques Chinois
En guise de cousins
Et je veux qu'on y boive
En plus du vin de messe
De ce vin si joli
Qu'on buvait en Arbois
Je veux qu'on y dévore
Après quelques soutanes
Une poule faisanne
Venue du Périgord
Puis je veux qu'on m'emmène
En haut de ma colline
Voir les arbres dormir
En refermant leurs bras
Et puis je veux encore
Lancer des pierres au ciel
En criant Dieu est mort
Une dernière fois

A mon dernier repas
Je veux voir mon âne
Mes poules et mes oies
Mes vaches et mes femmes

A mon dernier repas
Je veux voir ces drôlesses
Dont je fus maître et roi
Ou qui furent mes maîtresses
Quand j'aurai dans la panse
De quoi noyer la terre
Je briserai mon verre
Pour faire le silence
Et chanterai à tue-tête
A la mort qui s'avance
Les paillardes romances
Qui font peur aux nonnettes
Puis je veux qu'on m'emmène
En haut de ma colline
Voir le soir qui chemine
Lentement vers la plaine
Et là debout encore
J'insulterai les bourgeois
Sans crainte et sans remords
Une dernière fois

Après mon dernier repas
Je veux que l'on s'en aille
Qu'on finisse ripaille
Ailleurs que sous mon toit
Après mon dernier repas
Je veux que l'on m'installe
Assis seul comme un roi
Accueillant ses vestales
Dans ma pipe je brûlerai
Mes souvenirs d'enfance
Mes rêves inachevés
Mes restes d'espérance
Et je ne garderai
Pour habiller mon âme
Que l'idée d'un rosier
Et qu'un prénom de femme
Puis je regarderai
Le haut de ma colline
Qui danse qui se devine
Qui finit par sombrer

Et dans l'odeur des fleurs
Qui bientôt s'éteindra
Je sais que j'aurai peur
Une dernière fois.

LES JARDINS DU CASINO

Les musiciens sortent leurs moustaches
Et leurs violons et leurs saxos
Et la polka se met en marche
Dans les jardins du casino
Où glandouillent en papotant
De vieilles vieilles qui ont la gratouille
Et de moins vieilles qui ont la chatouille
Et des messieurs qui ont le temps
Passent aussi, indifférents
Quelques jeunes gens faméliques
Qui sont encore confondant
L'érotisme et la gymnastique
Tout ça dresse une muraille de Chine
Entre le pauvre ami Pierrot
Et sa fugace Colombine
Dans les jardins du casino

Les musiciens frétillent des moustaches
Et du violon et du saxo
Quand la polka guide la démarche
De la beauté du casino
Quelques couples protubérants
Dansent comme des escalopes
Avec des langueurs d'héliotrope
Devant les faiseuses de cancans
Un colonel encivilé
Présente à de fausses duchesses
Compliments et civilités
Et baisemains et ronds de fesses
Tout ça n'arrange pas, on le devine
Les affaires du pauvre Pierrot

Cherchant fugace Colombine
Dans les jardins du casino

Et puis le soir tombe par taches
Les musiciens rangent leurs saxos
Et leurs violons et leurs moustaches
Dans les jardins du casino
Les jeunes filles rentrent aux tanières
Sans ce jeune homme ou sans ce veuf
Qui devait leur offrir la litière
Où elles auraient pondu leur œuf
Les vieux messieurs rentrent au bercail
Retrouver le souvenir jauni
De leur Madame Bovary
Qu'ils entretiennent vaille que vaille
Et ne demeure que l'opaline
De l'âme du pauvre Pierrot
Pleurant fugace Colombine
Dans les jardins du casino, du casino.

TITINE

J'ai retrouvé Titine
Titine oh ma Titine
J'ai retrouvé Titine
Que je ne trouvais pas
Je l'ai retrouvée par hasard
Qui vendait du buvard
Derrière une vitrine
De la gare St-Lazare
Je lui ai dit Titine
Titine oh ma Titine
Je lui ai dit Titine
Pourquoi m'avoir quitté
Tu es partie comme ça
Sans un geste sans un mot
Voir un film de Charlot
Au ciné de l'Olympia
Et y a trente ans déjà
Que nous te cherchions partout
Mon Hispano et moi
En criant comme des fous
Je cherche après Titine
Titine oh ma Titine
Je cherche après Titine

Mais j'ai retrouvé Titine
Titine, oh ma Titine
J'ai retrouvé Titine
Que je ne trouvais pas
Je l'avais cherchée partout
Au Chili au Tonkin

Je l'avais cherchée en vain
Au Gabon au Pérou
Je lui ai dit Titine
Titine oh ma Titine
Je lui ai dit Titine
Je t'en supplie reviens
Tu as changé je sais bien
T'es un peu moins tentante
Puis tu marches comme Chaplin
Et tu es devenue parlante
Mais enfin c'est mieux que rien
Quand on vit depuis trente ans
Tout seul avec un chien
Et avec douze enfants
Qui cherchent après Titine
Titine oh ma Titine
Qui cherchent après Titine

Mais j'ai retrouvé Titine
Titine oh ma Titine
J'ai retrouvé Titine
Que je ne trouvais pas
J'aimerais que vous la voyiez
Titine elle est en or
Bien plus que Valentine
Bien plus qu'Eléonore
Mais hier quand je lui ai dit
Titine oh ma Titine
Quand je lui ai dit Titine
Est-ce que tu m'aimes encore ?
Elle est repartie comme ça
Sans un geste sans un mot
Voir un film de Charlot
Au ciné de l'Olympia
Alors voilà pourquoi
Nous la cherchons partout
Mon Hispano et moi
En criant comme des fous
Je cherche après Titine
Titine oh ma Titine
Je cherche après Titine

(coda)

Mais je retrouverai Titine
Titine oh ma Titine
Je retrouverai Titine
Et tout ça s'arrangera.

JEF

Non Jef t'es pas tout seul
Mais arrête de pleurer
Comme ça devant tout le monde
Parce qu'une demi-vieille
Parce qu'une fausse blonde
T'a relaissé tomber
Non Jef t'es pas tout seul
Mais tu sais que tu me fais honte
A sangloter comme ça
Bêtement devant tout le monde
Parce qu'une trois quarts putain
T'a claqué dans les mains
Non Jef t'es pas tout seul
Mais tu fais honte à voir
Les gens se paient notre tête
Foutons le camp de ce trottoir
Allez viens Jef viens viens

refrain :

Viens il me reste trois sous
On va aller se les boire
Chez la mère Françoise
Viens il me reste trois sous
Et si c'est pas assez
Ben il me restera l'ardoise
Puis on ira manger
Des moules et puis des frites
Des frites et puis des moules
Et du vin de Moselle
Et si t'es encore triste
On ira voir les filles

Chez la madame Andrée
Paraît qu'y en a de nouvelles
On rechantera comme avant
On sera bien tous les deux
Comme quand on était jeunes
Comme quand c'était le temps
Que j'avais de l'argent

Non Jef t'es pas tout seul
Mais arrête tes grimaces
Soulève tes cent kilos
Fais bouger ta carcasse
Je sais que t'as le cœur gros
Mais il faut le soulever
Non Jef t'es pas tout seul
Mais arrête de sangloter
Arrête de te répandre
Arrête de répéter
Que t'es bon à te foutre à l'eau
Que t'es bon à te pendre
Non Jef t'es pas tout seul
Mais c'est plus un trottoir
Ça devient un cinéma
Où les gens viennent te voir
Allez viens Jef viens viens

refrain :

Viens il me reste ma guitare
Je l'allumerai pour toi
Et on sera espagnols
Comme quand on était mômes
Même que j'aimais pas ça
T'imiteras le rossignol
Puis on se trouvera un banc
On parlera de l'Amérique
Où c'est qu'on va aller
Quand on aura du fric
Et si t'es encore triste
Ou rien que si t'en as l'air
Je te raconterai comment
Tu deviendras Rockefeller

On sera bien tous les deux
On rechantera comme avant
Comme quand on était beaux
Comme quand c'était le temps
D'avant qu'on soit poivrots

Allez viens Jef viens viens
Oui oui Jef oui viens.

LES BERGERS

Parfois ils nous arrivent avec leurs grands chapeaux
Et leurs manteaux de laine que suivent leurs troupeaux
        Les bergers
Ils montent du printemps quand s'allongent les jours
Ou brûlés par l'été descendent vers les bourgs
        Les bergers
Quand leurs bêtes s'arrêtent pour nous boire de l'eau
Se mettent à danser à l'ombre d'un pipeau
        Les bergers

Entr'eux l'en est de vieux, entr'eux l'en est de sages
Qui appellent au puits tous les vieux du village
        Les bergers
Ceux-là ont des histoires à nous faire telles peurs
Que pour trois nuits au moins nous rêvons des frayeurs
        Des bergers
Ils ont les mêmes rides et les mêmes compagnes
Et les mêmes senteurs que leurs vieilles montagnes
        Les bergers

Entr'eux l'en est de jeunes, entr'eux l'en est de beaux
Qui appellent les filles à faire le gros dos
        Les bergers
Ceux-là ont des sourires qu'on dirait une fleur
Et des éclats de rire à faire jaillir de l'eau
        Les bergers
Ceux-là ont des regards à vous brûler la peau
A vous défiancer, à vous clouer le cœur
        Les bergers

Mais tous ils nous bousculent qu'on soit filles ou garçons

Les garçons dans leurs rêves, les filles dans leurs frissons
                    Les bergers
Alors nous partageons le vin et le fromage
Et nous croyons une heure faire partie du voyage
                    Des bergers
C'est un peu comme Noël, Noël et ses trésors
Qui s'arrêterait chez nous aux Equinoxes d'or
                    Les bergers

Après ça ils s'en vont, avec leurs grands chapeaux
Et leurs manteaux de laine que suivent leurs troupeaux
                    Les bergers
Ils montent du printemps quand s'allongent les jours
Ou brûlés par l'été descendent vers les bourgs
                    Les bergers
Quand leurs bêtes ont fini de nous boire notr' eau
Se remettent en route à l'ombre d'un pipeau
                    Les bergers, les bergers, les bergers.

LE TANGO FUNÈBRE

Ah ! je les vois déjà
Me couvrant de baisers
Et s'arrachant mes mains
Et demandant tout bas
Est-ce que la mort s'en vient
Est-ce que la mort s'en va
Est-ce qu'il est encore chaud
Est-ce qu'il est déjà froid ?
Ils ouvrent mes armoires
Ils tâtent mes faïences
Ils fouillent mes tiroirs
Se régalant d'avance
De mes lettres d'amour
Enrubannées par deux
Qu'ils liront près du feu
En riant aux éclats
Ah ! Ah ! Ah ! Ah ! Ah ! Ah ! Ah !

Ah ! je les vois déjà
Compassés et frileux
Suivant comme des artistes
Mon costume de bois
Ils se poussent du cœur
Pour être le plus triste
Ils se poussent du bras
Pour être le premier
Z'ont amené des vieilles
Qui ne me connaissaient plus
Z'ont amené des enfants
Qui ne me connaissaient pas
Pensent au prix des fleurs
Et trouvent indécent

De ne pas mourir au printemps
Quand on aime le lilas
Ah ! Ah !...

Ah ! je les vois déjà
Tous mes chers faux amis
Souriant sous le poids
Du devoir accompli
Ah je te vois déjà
Trop triste trop à l'aise
Protégeant sous le drap
Tes larmes lyonnaises
Tu ne sais même pas
Sortant de mon cimetière
Que tu entres en ton enfer
Quand s'accroche à ton bras
Le bras de ton quelconque
Le bras de ton dernier
Qui te fera pleurer
Bien autrement que moi
Ah ! Ah !...

Ah ! je me vois déjà
M'installant à jamais
Bien triste bien au froid
Dans mon champ d'osselets
Ah ! je me vois déjà
Je me vois tout au bout
De ce voyage-là
D'où l'on revient de tout
Je vois déjà tout ça
Et on a le brave culot
D'oser me demander
De ne plus boire que de l'eau
De ne plus trousser les filles
De mettre de l'argent de côté
D'aimer le filet de maquereau
Et de crier vive le roi
Ah ! Ah ! Ah !...

MATHILDE

Ma mère voici le temps venu
D'aller prier pour mon salut
    Mathilde est revenue
Bougnat tu peux garder ton vin
Ce soir je boirai mon chagrin
    Mathilde est revenue
Toi la servante toi la Maria
Vaudrait peut-être mieux changer nos draps
    Mathilde est revenue
Mes amis, ne me laissez pas
Ce soir je repars au combat
    Maudite Mathilde puisque te voilà

Mon cœur, mon cœur ne t'emballe pas
Fais comme si tu ne savais pas
    Que la Mathilde est revenue
Mon cœur arrête de répéter
Qu'elle est plus belle qu'avant l'été
    La Mathilde qui est revenue
Mon cœur arrête de bringuebaler
Souviens-toi qu'elle t'a déchiré
    La Mathilde qui est revenue
Mes amis ne me laissez pas, non
Dites-moi, dites-moi qu'il ne faut pas
    Maudite Mathilde puisque te voilà

Et vous mes mains restez tranquilles
C'est un chien qui nous revient de la ville
    Mathilde est revenue
Et vous mes mains ne frappez pas
Tout ça ne vous regarde pas

Mathilde est revenue
Et vous mes mains ne tremblez plus
Souvenez-vous quand je vous pleurais dessus
Mathilde est revenue
Vous mes mains ne vous ouvrez pas
Vous mes bras ne vous tendez pas
Sacrée Mathilde puisque te voilà

Ma mère arrête tes prières
Ton Jacques retourne en enfer
Mathilde m'est revenue
Bougnat apporte-nous du vin
Celui des noces et des festins
Mathilde m'est revenue
Toi la servante toi la Maria
Va tendre mon grand lit de draps
Mathilde m'est revenue
Amis ne comptez plus sur moi
Je crache au ciel encore une fois
Ma belle Mathilde puisque te voilà, te voilà.

© Editions musicales Pouchenel,
Bruxelles, 1964.

LES AMANTS DE CŒUR

Ils s'aiment s'aiment en riant
Ils s'aiment s'aiment pour toujours
Ils s'aiment tout au long du jour
Ils s'aiment s'aiment s'aiment tant
Qu'on dirait des anges d'amour
Des anges fous se protégeant
Quand se retrouvent en courant
Les amants
Les amants de cœur
Les amants

Ils s'aiment s'aiment à la folie
S'effeuillant à l'ombre des feux
Se découvrant comme deux fruits
Puis se trouvant n'être plus deux
Se dénouant comme velours
Se reprenant au petit jour
Et s'endormant les plus heureux
Les amants
Les amants de cœur
Les amants

Ils s'aiment s'aiment en tremblant
Le cœur mouillé le cœur battant
Chaque seconde est une peur
Qui croque le cœur entre ses dents
Ils savent trop de rendez-vous
Où ne vinrent que des facteurs
Pour n'avoir pas peur du loup
Les amants
Les amants de cœur
Les amants

Ils s'aiment s'aiment en pleurant
Chaque jour un peu moins amants
Quand ils ont bu tout leur mystère
Deviennent comme sœur et frère
Brûlent leurs ailes d'inquiétude
Redeviennent deux habitudes
Alors changent de partenaire
Les amants
Les amants de cœur
Les amants

Qui s'aiment s'aiment en riant
Qui s'aiment s'aiment pour toujours
Qui s'aiment tout au long du jour
Qui s'aiment s'aiment s'aiment tant
Qu'on dirait des anges d'amour
Des anges fous se protégeant
Quand ils se retrouvent en courant
Les amants
Les amants de cœur
Les amants.

Publié avec l'autorisation
des Editions S.E.M.I./Patricia.

LES BONBONS

Je vous ai apporté des bonbons
Parce que les fleurs c'est périssable
Puis les bonbons c'est tellement bon
Bien que les fleurs soient plus présentables
Surtout quand elles sont en boutons
Mais je vous ai apporté des bonbons

J'espère qu'on pourra se promener
Que Madame votre mère ne dira rien
On ira voir passer les trains
A huit heures moi je vous ramènerai
Quel beau dimanche pour la saison
Je vous ai apporté des bonbons

Si vous saviez comme je suis fier
De vous voir pendue à mon bras
Les gens me regardent de travers
Y en a même qui rient derrière moi
Le monde est plein de polissons
Je vous ai apporté des bonbons

Oh ! oui ! Germaine est moins bien que vous
Oh oui ! Germaine elle est moins belle
C'est vrai que Germaine a des cheveux roux
C'est vrai que Germaine elle est cruelle
Ça vous avez mille fois raison
Je vous ai apporté des bonbons

Et nous voilà sur la grand'place
Sur le kiosque on joue Mozart
Mais dites-moi que c'est par hasard

Qu'il y a là votre ami Léon
Si vous voulez que je cède la place
J'avais apporté des bonbons...

Mais bonjour Mademoiselle Germaine

Je vous ai apporté des bonbons
Parce que les fleurs c'est périssable
Puis les bonbons c'est tellement bon
Bien que les fleurs soient plus présentables...

AU SUIVANT

Tout nu dans ma vieille serviette qui me servait de pagne
J'avais le rouge au front et le savon à la main
    Au suivant au suivant
J'avais juste vingt ans et nous étions cent vingt
A être le suivant de celui qu'on suivait
    Au suivant au suivant
J'avais juste vingt ans et je me déniaisais
Au bordel ambulant d'une armée en campagne
    Au suivant au suivant

Moi j'aurais bien aimé un peu plus de tendresse
Ou alors un sourire ou bien avoir le temps
    Mais au suivant au suivant
Ce ne fut pas Waterloo mais ce ne fut pas Arcole
Ce fut l'heure où l'on regrette d'avoir manqué l'école
    Au suivant au suivant
Mais je jure que d'entendre cet adjudant de mes fesses
C'est des coups à vous faire des armées d'impuissants
    Au suivant au suivant

Je jure sur la tête de ma première vérole
Que cette voix depuis je l'entends tout le temps
    Au suivant au suivant
Cette voix qui sentait l'ail et le mauvais alcool
C'est la voix des nations et c'est la voix du sang
    Au suivant au suivant
Et depuis chaque femme à l'heure de succomber
Entre mes bras trop maigres semble me murmurer
    Au suivant au suivant

Tous les suivants du monde devraient se donner la main
Voilà ce que la nuit je crie dans mon délire
      Au suivant au suivant
Et quand je ne délire pas j'en arrive à me dire
Qu'il est plus humiliant d'être suivi que suivant
      Au suivant au suivant
Un jour je me ferai cul-de-jatte ou bonne sœur ou pendu
Enfin un de ces machins où je ne serai jamais plus
      Le suivant le suivant.

JE M'EN REMETS A TOI

Pour ce qui est de vivre
Ou de ne vivre pas,
Pour ce qui est de rire
Ou de ne rire plus,
Je m'en remets à toi

Pour ce qui est d'aimer,
Pour une part de chance,
Pour ce qui est d'espérer
Ou de désespérance,
Je m'en remets à toi

Oui mais,
Pour ce qui est des pleurs,
Comme autant de cerises,
Pour ce qui est du cœur,
Qui se tord et se brise,
Je m'en remets encore,
Je m'en remets à moi

Pour que ce soit demain
Plutôt que le passé,
Pour que ce soit l'airain
Plutôt que le laurier,
Je m'en remets à toi

Pour que ce soit la vie
Plutôt qu'une saison,
Pour qu'elle soit symphonie
Plutôt qu'une chanson,
Je m'en remets à toi

Oui mais,
Pour accrocher aux branches
Notre amour qui vacille,
Pour briser la faucille
Du temps qui se revanche,
Je m'en remets encore,
Je m'en remets à moi

Tu vois,
Tu peux faire l'été
Tu vois,
Je peux porter l'hiver
Tu vois,
On peut appareiller,
Tu vois,
On peut croquer la terre.

© Editions Mary Melody,
Paris, 1965.

IL NEIGE SUR LIÈGE

Il neige il neige sur Liège
Et la neige sur Liège pour neiger met des gants
Il neige il neige sur Liège
Croissant noir de la Meuse sur le front d'un clown blanc
Il est brisé le cri
Des heures et des oiseaux
Des enfants à cerceaux
Et du noir et du gris
Il neige il neige sur Liège
Que le fleuve traverse sans bruit

Il neige, il neige sur Liège
Et tant tourne la neige entre le ciel et Liège
Qu'on ne sait plus s'il neige s'il neige sur Liège
Où si c'est Liège qui neige vers le ciel
Et la neige marie
Les amants débutants
Les amants promenant
Sur le carré blanchi
Il neige il neige sur Liège
Que le fleuve transporte sans bruit

Ce soir ce soir il neige sur mes rêves et sur Liège
Que le fleuve transperce sans bruit.

© Editions musicales Pouchenel,
Bruxelles, 1965.

CES GENS-LÀ

D'abord il y a l'aîné
Lui qui est comme un melon
Lui qui a un gros nez
Lui qui sait plus son nom
Monsieur tellement qui boit
Ou tellement qu'il a bu
Qui fait rien de ses dix doigts
Mais lui qui n'en peut plus
Lui qui est complètement cuit
Et qui se prend pour le roi
Qui se saoule toutes les nuits
Avec du mauvais vin
Mais qu'on retrouve matin
Dans l'église qui roupille
Raide comme une saillie
Blanc comme un cierge de Pâques
Et puis qui balbutie
Et qui a l'œil qui divague
Faut vous dire Monsieur
Que chez ces gens-là
On ne pense pas Monsieur
On ne pense pas on prie

Et puis, il y a l'autre
Des carottes dans les cheveux
Qu'a jamais vu un peigne
Qu'est méchant comme une teigne
Même qu'il donnerait sa chemise
A des pauvres gens heureux
Qui a marié la Denise
Une fille de la ville

Enfin d'une autre ville
Et que c'est pas fini
Qui fait ses petites affaires
Avec son petit chapeau
Avec son petit manteau
Avec sa petite auto
Qu'aimerait bien avoir l'air
Mais qui n'a pas l'air du tout
Faut pas jouer les riches
Quand on n'a pas le sou
Faut vous dire Monsieur
Que chez ces gens-là
On ne vit pas Monsieur
On ne vit pas on triche

Et puis, il y a les autres
La mère qui ne dit rien
Ou bien n'importe quoi
Et du soir au matin
Sous sa belle gueule d'apôtre
Et dans son cadre en bois
Il y a la moustache du père
Qui est mort d'une glissade
Et qui regarde son troupeau
Bouffer la soupe froide
Et ça fait des grands flchss
Et ça fait des grands flchss
Et puis il y a la toute vieille
Qu'en finit pas de vibrer
Et qu'on n'écoute même pas
Vu que c'est elle qu'a l'oseille
Et qu'on écoute même pas
Ce que ses pauvres mains racon-
tent
Faut vous dire Monsieur
Que chez ces gens-là
On ne cause pas Monsieur
On ne cause pas on compte

Et puis et puis
Et puis il y a Frida
Qui est belle comme un soleil

Et qui m'aime pareil
Que moi j'aime Frida
Même qu'on se dit souvent
Qu'on aura une maison
Avec des tas de fenêtres
Avec presque pas de murs
Et qu'on vivra dedans
Et qu'il fera bon y être
Et que si c'est pas sûr
C'est quand même peut-être
Parce que les autres veulent pas
Parce que les autres veulent pas
Les autres ils disent comme ça
Qu'elle est trop belle pour moi
Que je suis tout juste bon
A égorger les chats
J'ai jamais tué de chats
Ou alors y a longtemps
Ou bien j'ai oublié
Ou ils sentaient pas bon
Enfin ils ne veulent pas
Parfois quand on se voit
Semblant que c'est pas exprès
Avec ses yeux mouillants
Elle dit qu'elle partira
Elle dit qu'elle me suivra
Alors pour un instant
Pour un instant seulement
Alors moi je la crois Monsieur
Pour un instant
Pour un instant seulement
Parce que chez ces gens-là
Monsieur on ne s'en va pas
On ne s'en va pas Monsieur
On ne s'en va pas
Mais il est tard Monsieur
Il faut que je rentre chez moi.

LA CHANSON DE JACKY

Même si un jour à Knocke-le-Zoute
Je deviens comme je le redoute
Chanteur pour femmes finissantes
Que je leur chante « Mi Corazon »
Avec la voix bandonéante
D'un Argentin de Carcassonne
Même si on m'appelle Antonio
Que je brûle mes derniers feux
En échange de quelques cadeaux
Madame je fais ce que je peux
Même si je me saoule à l'hydromel
Pour mieux parler de virilité
A des mèmères décorées
Comme des arbres de Noël
Je sais qu' dans ma saoulographie
Chaque nuit pour des éléphants roses
Je chanterai la chanson morose
Celle du temps où je m'appelais Jacky

refrain :

Etre une heure, une heure seulement
Etre une heure, une heure quelquefois
Etre une heure, rien qu'une heure durant
Beau, beau, beau et con à la fois

Même si un jour à Macao
Je deviens gouverneur de tripot
Cerclé de femmes languissantes
Même si lassé d'être chanteur
J'y sois devenu maître chanteur
Et que ce soit les autres qui chantent

Même si on m'appelle le beau Serge
Que je vende des bateaux d'opium
Du whisky de Clermont-Ferrand
De vrais pédés de fausses vierges
Que j'aie une banque à chaque doigt
Et un doigt dans chaque pays
Que chaque pays soit à moi
Je sais quand même que chaque nuit
Tout seul au fond de ma fumerie
Pour un public de vieux Chinois
Je rechanterai ma chanson à moi
Celle du temps où je m'appelais Jacky

Même si un jour au Paradis
Je deviens comme j'en serais surpris
Chanteur pour femmes à ailes blanches
Que je leur chante Alleluia
En regrettant le temps d'en bas
Où c'est pas tous les jours dimanche
Même si on m'appelle Dieu le Père
Celui qui est dans l'annuaire
Entre Dieulefit et Dieu vous garde
Même si je me laisse pousser la barbe
Même si toujours trop bonne pomme
Je me crève le cœur et le pur esprit
A vouloir consoler les hommes
Je sais quand même que chaque nuit
J'entendrai dans mon Paradis
Les anges, les Saints et Lucifer
Me chanter la chanson de naguère
Celle du temps où je m'appelais Jacky.

FERNAND

Dire que Fernand est mort
Dire qu'il est mort Fernand
Dire que je suis seul derrière
Dire qu'il est seul devant
Lui dans sa dernière bière
Moi dans mon brouillard
Lui dans son corbillard
Et moi dans mon désert
Devant il n'y a qu'un cheval blanc
Derrière il n'y a que moi qui pleure
Dire qu'il n'y a même pas de vent
Pour agiter mes fleurs
Moi, si j'étais le bon Dieu
Je crois que j'aurais des remords
Dire que maintenant il pleut
Dire que Fernand est mort

Dire qu'on traverse Paris
Dans le tout petit matin
Dire qu'on traverse Paris
Et qu'on dirait Berlin
Toi tu sais pas tu dors
Mais c'est triste à mourir
D'être obligé de partir
Quand Paris dort encore
Moi je crève d'envie
De réveiller des gens
Je t'inventerai une famille
Juste pour ton enterrement
Et puis si j'étais le bon Dieu
Je crois que je s'rais pas fier

Je sais on fait ce qu'on peut
Mais y a la manière

Tu sais je reviendrai
Je reviendrai souvent
Dans ce putain de champ
Où tu dois te reposer
L'été je te ferai de l'ombre
On boira du silence
A la santé de Constance
Qui se fout bien de ton ombre
Et puis les adultes sont tellement...
Qu'ils nous feront bien une guerre
Alors je viendrai pour de bon
Dormir dans ton cimetière
Et maintenant bon Dieu
Tu vas bien rigoler
Et maintenant bon Dieu
Maintenant je vais pleurer.

© Editions musicales Pouchenel,
Bruxelles, 1965.

L'ÂGE IDIOT

L'âge idiot c'est à vingt fleurs
Quand le ventre brûle de faim
Qu'on croit se laver le cœur
Rien qu'en se lavant les mains
Qu'on a les yeux plus grands que le ventre
Qu'on a les yeux plus grands que le cœur
Qu'on a le cœur encor trop tendre
Qu'on a les yeux encor plein de fleurs
Mais qu'on sent bon les champs de luzerne
L'odeur des tambours mal battus
Qu'on sent les clairons refroidis
Et les lits de petite vertu
Et qu'on s'endort toutes les nuits
Dans les casernes

L'âge idiot c'est à trente fleurs
Quand le ventre prend naissance
Quand le ventre prend puissance
Qu'il vous grignote le cœur
Quand les yeux se font plus lourds
Quand les yeux marquent les heures
Eux qui savent qu'à trente fleurs
Commence le compte à rebours
Qu'on rejette les vieux dans leur caverne
Qu'on offre à Dieu des bonnets d'âne
Mais que le soir on s'allume des feux
En frottant deux cœurs de femmes
Et qu'on regrette déjà un peu
Le temps des casernes

L'âge idiot c'est soixante fleurs
Quand le ventre se ballotte

Quand le ventre ventripote
Qu'il vous a bouffé le cœur
Quand les yeux n'ont plus de larmes
Quand les yeux tombent en neige
Quand les yeux perdent leur piège
Quand les yeux rendent les armes
Qu'on se ressent de ses amours
Mais qu'on se sent des patiences
Pour des vieilles sur le retour
Ou des trop jeunes en partance
Et qu'on se croit protégé
Par les casernes

L'âge d'or c'est quand on meurt
Qu'on se couche sous son ventre
Qu'on se cache sous son ventre
Les mains protégeant le cœur
Qu'on a les yeux enfin ouverts
Mais qu'on ne se regarde plus
Qu'on regarde la lumière
Et ses nuages pendus
L'âge d'or c'est après l'enfer
C'est après l'âge d'argent
On redevient petit enfant
Dedans le ventre de la terre
L'âge d'or c'est quand on dort
Dans sa dernière caserne.

GRAND-MÈRE

Faut voir Grand-Mère
Grand-Mère et sa poitrine
Grand-Mère et ses usines
Et ses vingt secrétaires
Faut voir Mère Grand
Diriger ses affaires
Elle vend des courants d'air
Déguisés en coups de vent
Faut voir Grand-Mère
Quand elle compte son magot
Ça fait des tas de zéros
Pointés comme son derrière

Mais pendant ce temps-là Grand-Père court après la bonne
En lui disant que l'argent ne fait pas le bonheur
Comment voulez-vous bonnes gens que nos bonnes bonnes
Et que nos petits épargnants aient le sens des valeurs

Faut voir Grand-Mère
C'est une tramontane
Qui fume le havane
Et fait trembler la terre
Faut voir Grand-Mère
Cerclée de généraux
Etre culotte de peau
Et gagner leurs guèguerres
Faut voir Grand-Mère
Dressée sous son chapeau
C'est Waterloo
Où ne serait pas venu Blucher

Mais pendant ce temps-là Grand-Père court après la bonne
En lui disant que l'armée elle bat le beurre
Comment voulez-vous bonnes gens que nos bonnes bonnes
Et que nos chers pioupious aient le sens des valeurs

Faut voir Grand-Mère
S'assurer sur la mort
Un p'tit coup de presbytère
Un p'tit coup de remords
Faut voir Grand-Mère
Et ses ligues de vertu
Ses anciens combattants
Ses anciens qui ont battu
Faut voir Grand-Mère
Quand elle se croit pécheresse
Un grand verre de grand-messe
Et un doigt de couvent

Mais pendant ce temps-là Grand-Père court après la bonne
En lui disant que les curés sont farceurs
Comment voulez-vous bonnes gens que nos bonnes bonnes
Et nos petits incroyants aient le sens des valeurs

Mais faut voir Grand-Père
Dans les bistrots bavards
Où claquent les billards
Et les chopes de bière
Faut voir Père Grand
Caresser les roseaux
Effeuiller les étangs
Et pleurer du Rimbaud
Faut voir Grand-Père
Dimanche finissant
Honteux et regrettant
D'avoir trompé Grand-Mère

Mais pendant ce temps-là Grand-Mère se tape la bonne
En lui disant que les hommes sont menteurs
Comment voulez-vous bonnes gens que nos bonnes bonnes
Et que notre belle jeunesse aient le sens des valeurs

LES DÉSESPÉRÉS

Se tiennent par la main et marchent en silence
Dans ces villes éteintes que le crachin balance
Ne sonnent que leurs pas, pas à pas fredonnés
Ils marchent en silence les désespérés

Ils ont brûlé leurs ailes, ils ont perdu leurs branches
Tellement naufragés que la mort paraît blanche
Ils reviennent d'amour ils se sont réveillés
Ils marchent en silence les désespérés

Et je sais leur chemin pour l'avoir cheminé
Déjà plus de cent fois cent fois plus qu'à moitié
Moins vieux ou plus meurtris, ils vont le terminer
Ils marchent en silence les désespérés

Et en dessous du pont l'eau est douce et profonde
Voici la bonne hôtesse voici la fin du monde
Ils pleurent leurs prénoms comme de jeunes mariés
Et fondent en silence les désespérés

Que se lève celui qui leur lance la pierre
Il ne sait de l'amour que le verbe s'aimer
Sur le pont n'est plus rien qu'une brume légère
Ça s'oublie en silence ceux qui ont espéré.

© Editions musicales Pouchenel,
Bruxelles, 1965.

UN ENFANT

Un enfant
Ça vous décroche un rêve
Ça le porte à ses lèvres
Et ça part en chantant
Un enfant
Avec un peu de chance
Ça entend le silence
Et ça pleure des diamants
Et ça rit à n'en savoir que faire
Et ça pleure en nous voyant pleurer
Ça s'endort de l'or sous les paupières
Et ça dort pour mieux nous faire rêver

Un enfant
Ça écoute le merle
Qui dépose ses perles
Sur la portée du vent
Un enfant
C'est le dernier poète
D'un monde qui s'entête
A vouloir devenir grand
Et ça demande si les nuages ont des ailes
Et ça s'inquiète d'une neige tombée
Et ça croit que nous sommes fidèles
Et ça se doute qu'il n'y a plus de fées

Mais un enfant
Et nous fuyons l'enfance
Un enfant
Et nous voilà passants
Un enfant
Et nous voilà patience
Un enfant
Et nous voilà passés.

LES MOUTONS

Désolé bergère,
J'aime pas les moutons
Qu'ils soient pure laine
Ou en chapeau melon,
Qu'ils broutent leur colline,
Qu'ils broutent le béton,
Menés par quelques chiens
Et par quelques bâtons
Désolé bergère,
J'aime pas les moutons

Désolé bergère,
J'aime pas les agneaux
Qui arrondissent le dos
De troupeau en troupeau,
De troupeau en étable
Et d'étable en bureau
J'aime encore mieux les loups,
J'aime mieux les moineaux
Désolé bergère,
J'aime pas les agneaux

Désolé bergère,
J'aime pas les brebis
Ça arrive toutes tordues
Et ça dit déjà « oui »
Ça se retrouve tondues
Et ça re, redit « oui »
Ça se balance en boucherie
Et ça re, redit « oui ».
Désolé bergère,
J'aime pas les brebis

Désolé bergère,
J'aime pas les troupeaux
Qui ne voient pas plus loin
Que le bout de leur coteau
Qui avancent en reculant
Qui se noient dans un verre d'eau bénite
Et dès que le vent se lève,
Montrent le bas de leur dos
Désolé bergère,
J'aime pas les troupeaux

Désolé bergère,
J'aime pas les bergers
Désolé bergère,
J'aime pas les bergers
Il pleut, il pleut bergère,
Prends garde à te garder,
Prends garde à te garder, bergère,
Un jour tu vas bêler
Désolé, bergère,
J'aime pas les bergers

Désolé bergère,
J'aime pas les moutons
Qu'ils soient pure laine
Ou en chapeau melon,
Qu'ils broutent leur colline,
Qu'ils broutent le béton,
Menés par quelques chiens
Et par quelques bâtons,
Désolé bergère,
J'aime pas les moutons
Bêêêêêh...

Inédit
© Famille Brel.

LE PENDU

J'en ai assez
De me balancer
Sous ma potence,
Sous ma potence
J'en ai assez
Du vent d'été
Qui me balance
Qui me balance
J'en ai assez
De voir la femme du drapier
Qui fait semblant de me plaindre
En souriant aux soldats
Elle qui disait
J'aime trop mon drapier
Pour que je sois ta reine,
Pour que tu sois mon roi

J'en ai assez
De voir les corbeaux
Qui me surveillent
Qui me surveillent
J'en ai assez
De voir mes bourreaux
Qui s'ensommeillent
Qui s'ensommeillent
J'en ai assez
De voir la femme du drapier
Qui fait semblant de pleurer
En souriant aux soldats
Elle qui disait
J'aime trop mon drapier

Pour que je sois ta reine
Pour que tu sois mon roi

J'en ai assez
De tirer la langue
A ma pauvre mère
A ma pauvre mère
Et j'en ai assez
De tirer la langue
Aux anges noirs
De Lucifer
De Lucifer
J'en ai assez
De voir la femme du drapier
Qui fait semblant de prier
En riant aux soldats
Elle qui disait
Tant qu'il y aura le drapier
Je ne pourrai rien pour nous
Je ne pourrai rien pour toi

J'en ai assez
De tendre le cou
Vers les nuages
Vers les nuages
J'en ai assez
De tendre le cou
Vers son visage
Vers son visage
J'en ai assez
De voir la femme du drapier
Qui ne fait plus semblant de rien
Et qui s'offre aux soldats
Elle qui disait
Quand tu auras tué le drapier
Je t'offrirai le septième ciel
Eh bien m'y voilà déjà

J'en ai assez
De me balancer
Sous ma potence
Sous ma potence

Elle peut crever
La femme du drapier
Je m'en balance
Je m'en balance
Je m'en balance
Je m'en balance.

Inédit
© Famille Brel.

A JEUN

Parfaitement à jeun
Vous me voyez surpris
De ne pas trouver mon lit, ici
Parfaitement à jeun
Je le vois qui recule
Je le vois qui bascule aussi
guilli, guilli, guilli
Viens là mon petit lit
Si tu ne viens pas à moi
C'est pas moi qu'irai t'à toi
Mais, qui n'avance pas recule
Comme dit Monsieur Dupneu
Un mec qui articule
Et qui est chef du contentieux

Parfaitement à jeun
Je reviens d'une belle fête
J'ai enterré Huguette ce matin
Parfaitement à jeun
J'ai fait semblant de pleurer
Pour ne pas faire rater la fête
Z'étaient tous en noir
Les voisins, les amis
Il n'y avait que moi qui étais gris
Dans cette foire
Y' avait beau maman, belle papa
Z'avez pas vu Mirza ?
Et puis Monsieur Dupneu
Qui est chef du contentieux

Parfaitement à jeun
En enterrant ma femme
J'ai surtout enterré la maîtresse d'André
Je ne l'ai su que ce matin
Et par un enfant de chœur
Qui me racontait que sa sœur, enfin
Il me reste deux solutions
Ou bien frapper André
Ou bien gnougnougnaffer la femme d'André
Sur son balcon
Ou bien rester chez moi
Feu cocu mais joyeux
C'est ce que me conseille André
André, André Dupneu
Qui est mon chef du contentieux
Parfaitement à jeun.

FILS DE...

Fils de bourgeois ou fils d'apôtre
Tous les enfants sont comme les vôtres
Fils de César ou fils de rien
Tous les enfants sont comme le tien
Le même sourire, les mêmes larmes
Les mêmes alarmes, les mêmes soupirs
Fils de César ou fils de rien
Tous les enfants sont comme le tien

Ce n'est qu'après, longtemps après...

Mais fils de Sultan fils de fakir
Tous les enfants ont un empire
Sous voûte d'or sous toit de chaume
Tous les enfants ont un royaume
Un coin de vague, une fleur qui tremble
Un oiseau mort qui leur ressemble
Fils de sultan, fils de fakir
Tous les enfants ont un empire

Ce n'est qu'après, longtemps après...

Mais fils de ton fils ou fils d'étranger
Tous les enfants sont des sorciers
Fils de l'amour fils d'amourette
Tous les enfants sont des poètes
Ils sont bergers ils sont rois mages
Ils ont des nuages pour mieux voler
Fils de ton fils ou fils d'étranger
Tous les enfants sont des sorciers

Ce n'est qu'après, longtemps après...

Mais fils de bourgeois ou fils d'apôtre
Tous les enfants sont comme les vôtres
Fils de César ou fils de rien
Tous les enfants sont comme le tien
Les mêmes sourires, les mêmes larmes
Les mêmes alarmes, les mêmes soupirs
Fils de César ou fils de rien
Tous les enfants sont comme le tien...

© Editions musicales Pouchenel,
Bruxelles, 1967.

JE SUIS BIEN...

Et je n'aime plus personne
Et plus personne ne m'aime
On ne m'attend nulle part
Je n'attends que le hasard
Je suis bien
Au-dehors la nuit s'enroule
Tout autour de sa polaire
Au loin roucoule une foule
Plus méchante que vulgaire
Je suis bien...

Je m'invente des jardins
Ecrasés de roses grises
Je brûle quelques églises
J'évapore quelques parfums
Je suis bien
J'effeuille mes anciens amants
Je mélange leurs prénoms
C'est drôle ils s'appellent tous Dupont
Les volcans que j'ai éteints
Je suis bien...

Je remonte la rivière
Du grand lit qui me vestibule
Un diamant tintinnabule
Au plus profond de mon verre
Je suis bien
Ma bougie fume ses éclairs
Un arbre pousse dans mon cœur
J'y va pendre les empêcheurs

Et je ne serai plus surnuméraire
Et je serai bien

Je repense à des insultes
A des ennemis anciens
Tout ça ne me fait plus rien
Est-ce que je deviendrais adulte
Ce serait bien
Je n'entends que mon cœur de pierre
Ce soir je ne ferai ni la fête
Ni la belle ni la bête
Même mes rides m'indiffèrent
Je suis bien
Et j'éteins
Je suis bien
Je suis malhonnête...

LA CHANSON DES VIEUX AMANTS

Bien sûr, nous eûmes des orages
Vingt ans d'amour, c'est l'amour fol
Mille fois tu pris ton bagage
Mille fois je pris mon envol
Et chaque meuble se souvient
Dans cette chambre sans berceau
Des éclats des vieilles tempêtes
Plus rien ne ressemblait à rien
Tu avais perdu le goût de l'eau
Et moi celui de la conquête

    refrain :

    Mais mon amour
    Mon doux mon tendre mon merveilleux amour
    De l'aube claire jusqu'à la fin du jour
    Je t'aime encore tu sais je t'aime

Moi, je sais tous tes sortilèges
Tu sais tous mes envoûtements
Tu m'as gardé de pièges en pièges
Je t'ai perdue de temps en temps
Bien sûr tu pris quelques amants
Il fallait bien passer le temps
Il faut bien que le corps exulte
Finalement finalement
Il nous fallut bien du talent
Pour être vieux sans être adultes

    refrain :

    Oh, mon amour
    Mon doux mon tendre mon merveilleux amour

De l'aube claire jusqu'à la fin du jour
Je t'aime encore, tu sais, je t'aime

Et plus le temps nous fait cortège
Et plus le temps nous fait tourment
Mais n'est-ce pas le pire piège
Que vivre en paix pour des amants
Bien sûr tu pleures un peu moins tôt
Je me déchire un peu plus tard
Nous protégeons moins nos mystères
On laisse moins faire le hasard
On se méfie du fil de l'eau
Mais c'est toujours la tendre guerre

refrain :

Oh, mon amour...
Mon doux mon tendre mon merveilleux amour
De l'aube claire jusqu'à la fin du jour
Je t'aime encore tu sais je t'aime.

LA... LA... LA...

Quand je serai vieux, je serai insupportable
Sauf pour mon lit et mon maigre passé
Mon chien sera mort, ma barbe sera minable
Toutes mes morues m'auront laissé tomber
J'habiterai une quelconque Belgique
Qui m'insultera tout autant que maintenant
Quand je lui chanterai Vive la République
Vivent les Belgiens merde pour les Flamingants...
la...la...la
la...la...la

Je serai fui comme un vieil hôpital
Par tous les ventres de haute société
Je boirai donc seul ma pension de cigale
Il faut bien être lorsque l'on a été
Je ne serai reçu que par les chats du quartier
A leur festin pour qu'ils ne soient pas treize
Mais j'y chanterai sur une simple chaise
J'y chanterai après le rat crevé
Messieurs, dans le lit de la Marquise
C'était moi les 80 chasseurs...
la...la...la

Quand viendra l'heure imbécile et fatale
Où il paraît que quelqu'un nous appelle
J'insulterai le flic sacerdotal
Penché vers moi comme un larbin du ciel
Et je mourirai cerné de rigolos
En me disant qu'il était chouette Voltaire
Et que si y en a des qu'ont une plume au chapeau
Y en a des qui ont une plume dans le derrière...
la...la...la
la...la...la.

© Editions musicales Pouchenel,
Bruxelles, 1967.

LE CHEVAL

J'étais vraiment j'étais bien plus heureux
Bien plus heureux avant quand j'étais cheval
Que je traînais Madame votre landau
Jolie Madame dans les rues de Bordeaux
Mais tu as voulu que je sois ton amant
Tu as même voulu que je quitte ma jument
Je n'étais qu'un cheval, oui, mais tu en as profité
Par amour pour toi, je me suis déjumenté.
Et depuis toutes les nuits
Dans ton lit de satin blanc
Je regrette mon écurie
Mon écurie et ma jument

J'étais vraiment vraiment bien plus heureux
Bien plus heureux avant quand j'étais cheval
Que tu te foutais Madame la gueule par terre
Jolie Madame quand tu forçais le cerf
Mais tu as voulu que j'apprenne les bonnes manières
Tu as voulu que je marche sur les pattes de derrière
Je n'étais qu'un cheval, oui, mais tu m'as couillonné
Par amour pour toi je me suis derrièrisé
Et depuis toutes les nuits
Quand nous dansons le tango
Je regrette mon écurie
Mon écurie et mon galop

J'étais vraiment vraiment bien plus heureux
Bien plus heureux avant quand j'étais cheval
Que je te promenais Madame sur mon dos
Jolie Madame en forêt de Fontainebleau
Mais tu as voulu que je sois ton banquier
Tu as même voulu que je me mette à chanter
Je n'étais qu'un cheval oui mais tu en as abusé
Par amour pour toi, je me suis variété
Et depuis toutes les nuits

Quand je chante « ne me quitte pas »
Je regrette mon écurie
Et mes silences d'autrefois

Et puis et puis tu es partie radicale
Avec un zèbre, un zèbre mal rayé
Le jour Madame où je t'ai refusé
D'apprendre à monter à cheval
Mais tu m'avais pris ma jument mes sabots,
Mon silence, mon écurie, mon galop
Tu ne m'as laissé que mes dents
Et voilà pourquoi je cours, je cours
Je cours le monde en hennissant
Me voyant refuser l'amour
Par les femmes et par les juments

J'étais vraiment vraiment bien plus heureux
Bien plus heureux avant quand j'étais cheval
Que je promenais Madame votre landau
Quand j'étais cheval et quand tu étais chameau.

LE GAZ

Tu habites rue de la Madone
Une maison qui se déhanche
Une maison qui se tirebouchonne
Et qui pleure à grosses planches
L'escalier colimaçonne
C'est pas grand mais y a de la place
Tu habites rue de la Madone
Et moi moi je viens pour le gaz

Tu as un boudoir plein de bouddhas
Les bougies dansent dans leurs bougeoirs
Ça sent bon c'est sans histoires
Ça ruisselle de taffetas
C'est rempli de photos de toi
Qui sommeilles devant la glace
Tu as un boudoir plein de bouddhas
Et moi moi je viens pour le gaz

Tu as un vrai divan de roi
Un vrai divan de diva
Du porto que tu rapportas
De la Porte des Lilas
Tu as un petit chien et un grand chat
Un phono qui joue du jazz
Tu as un vrai divan de roi
Et moi moi je viens pour le gaz

Tu as des seins comme des soleils
Comme des fruits comme des reposoirs
Tu as des seins comme des miroirs
Comme des fruits comme du miel

Tu les recouvres tout devient noir
Tu les découvres et je deviens Pégase
Tu as des seins comme des trottoirs
Et moi moi je viens pour le gaz

Et puis chez toi y a le plombier
Y a le bedeau et y a le facteur
Le docteur qui fait le café
Le notaire qui sert les liqueurs
Y a la moitié d'un artilleur
Y a un poète de Carpentras
Y a quelques flics et puis la main de ma sœur
Et tout ça est là pour le gaz

Allez-y donc tous rue de la Madone
C'est pas grand mais y a de la place
Allez-y donc tous rue de la Madone
Et dites bien que c'est pour le gaz.

© Editions musicales Pouchenel,
Bruxelles, 1967.

LES BONBONS 67

Je viens rechercher mes bonbons
Vois-tu Germaine j'ai eu trop mal
Quand tu m'as fait cette réflexion
Au sujet de mes cheveux longs
C'est la rupture bête et brutale
Je viens rechercher mes bonbons

Maintenant je suis un autre garçon
J'habite à l'hôtel George-V
J'ai perdu l'accent bruxellois
D'ailleurs plus personne n'a cet accent-là
Sauf Brel à la télévision
Je viens rechercher mes bonbons

Quand père m'agace, moi
je lui fais zop
Je traite ma mère de névropathe
Faut dire que père est vachement bath
Alors que mère est un peu snob
Mais enfin, tout ça hein c'est le conflit des générations
Je viens rechercher mes bonbons

Et tous les samedis soir que je peux
Germaine j'écoute pousser mes cheveux
Je fais « glouglou » je fais « miam miam »
Je défile criant Paix au Vietnam,
Parce qu'enfin j'ai mes opinions
Je viens rechercher mes bonbons

Oh, mais ça c'est votre jeune frère, Mademoiselle
[Germaine
C'est celui qu'est flamingant
Je vous ai apporté des bonbons...

© Editions musicales Pouchenel,
Bruxelles, 1967

MON ENFANCE

Mon enfance passa
De grisailles en silences
De fausses révérences
En manque de batailles
L'hiver j'étais au ventre
De la grande maison
Qui avait jeté l'ancre
Au nord parmi les joncs
L'été à moitié nu
Mais tout à fait modeste
Je devenais indien
Pourtant déjà certain
Que mes oncles repus
M'avaient volé le Far West

Mon enfance passa
Les femmes aux cuisines
Où je rêvais de Chine
Vieillissaient en repas
Les hommes au fromage
S'enveloppaient de tabac
Flamands taiseux et sages
Et ne me savaient pas
Moi qui toutes les nuits
Agenouillé pour rien
Arpégeais mon chagrin
Au pied du trop grand lit
Je voulais prendre un train
Que je n'ai jamais pris

Mon enfance passa
De servante en servante
Je m'étonnais déjà
Qu'elles ne fussent point plantes
Je m'étonnais encore
De ces ronds de famille
Flânant de mort en mort
Et que le deuil habille
Je m'étonnais surtout
D'être de ce troupeau
Qui m'apprenait à pleurer
Que je connaissais trop
J'avais l'œil du berger
Mais le cœur de l'agneau

Mon enfance éclata
Ce fut l'adolescence
Et le mur du silence
Un matin se brisa
Ce fut la première fleur
Et la première fille
La première gentille
Et la première peur
Je volais je le jure
Je jure que je volais
Mon cœur ouvrait les bras
Je n'étais plus barbare

Et la guerre arriva

Et nous voilà ce soir.

© Editions musicales Pouchenel,
Bruxelles, 1967.

MON PÈRE DISAIT

Mon Père disait
C'est le vent du Nord
Qui fait craquer les digues
A Scheveningen
A Scheveningen
Tellement fort
Qu'on ne sait plus qui navigue
La mer du Nord
Ou bien les digues
C'est le vent du Nord
Qui transperce les yeux
Des hommes du Nord
Jeunes ou vieux
Pour faire chanter
Des carillons de bleu
Venus du Nord
Au fond de leurs yeux

Mon Père disait
C'est le vent du Nord
Qui fait tourner la terre
Autour de Bruges
Autour de Bruges petit
C'est le vent du Nord
Qui a raboté la terre
Autour des tours
Des tours de Bruges
Et qui fait que nos filles
Ont le regard tranquille
Des vieilles villes
Des vieilles villes
Qui fait que nos belles

314

Ont le cheveu fragile
De nos dentelles
De nos dentelles

Mon Père disait
C'est le vent du Nord
Qui fait craquer la terre
Entre Zeebrugge
Entre Zeebrugge petit
C'est le vent du Nord
Qui a fait craquer la terre
Entre Zeebrugge
Et l'Angleterre
Et Londres n'est plus
Comme avant le déluge
Le point de Bruges
Narguant la mer
Londres n'est plus
Que le faubourg de Bruges
Perdu en mer
Perdu en mer

Mais mon Père disait
C'est le vent du Nord
Qui portera en terre
Mon corps sans âme
Et sans colère
C'est le vent du Nord
Qui portera en terre
Mon corps sans âme
Face à la mer
C'est le vent du Nord
Qui me fera capitaine
D'un brise-lames
Ou d'une baleine
C'est le vent du Nord
Qui me fera capitaine
D'un brise-larmes
Pour ceux que j'aime.

HÉ ! M'MAN

Hé ! M'man faut pas pleurer comme ça
Dis, hé M'man, faut pas pleurer pour ça

Les autres savent pas ce qu'ils disent
Les autres ils disent n'importe quoi
Non, non il faut passer ta robe de dentelle
On défilera de sur la promenade
Tu souriras arcade après arcade
Les hommes diront que c'est toi la plus belle
Et tant pis si les femelles jasent
Et tant pis si jasent les bourgeois
D'ailleurs il n'y a plus de bourgeois
Maman il n'y a plus que des bourgeoises

Hé ! Maman faut pas pleurer comme ça
Dis, dis, dis hé ! Maman

Les autres savent pas ce qu'ils médisent
Les autres médisent n'importe quoi
Non, non, je sais que tu as reçu des coups de pied au
    tendre
Je sais que tu as reçu des coups de poing au cœur
Mais faut bouger Maman, il faut pas se laisser prendre
Par des voisins qui se prennent pour des chasseurs
Et tant pis si les fenêtres nous regardent
Et tant pis si elles nous désignent du doigt
Je me ferai raide, je serai ta tour de garde

Maman faut pas pleurer comme ça
Dis, Maman, faut pas pleurer pour ça

Les autres savent pas ce qu'ils disent
Nous, nous on sait qu'il reviendra
Il reviendra grand, gros, lourd et bête
Avec sa grande gueule et son cuir déchevelu
Entre deux vins ou entre deux tempêtes
Il reviendra comme il est déjà revenu
Et tant pis si les pisseuses te bavardent
Toi tu seras fière de retrouver ton velu
Il vaut pas le coup Maman, mais est-ce que ça me regarde
Si tu es heureuse moi je ne demande rien de plus
Maman est-ce que t'entends comme moi, dis
Maman je l'entends qui gueule en bas
Ton Jules.

Publié avec l'autorisation
des E. M. Champs-Elysées.

COMMENT TUER
L'AMANT DE SA FEMME...

Comment tuer l'amant de sa femme
Quand on a été comme moi
Elevé dans les traditions
Comment tuer l'amant de sa femme
Quand on a été comme moi
Elevé dans la religion

Il me faudrait du temps
Mais du temps je n'en ai pas
Pour elle je travaille tout le temps
La nuit je veille de nuit
Le jour je veille de jour
Le dimanche je fais des extras
Et même si j'étais moins lâche
Je trouve que ce serait dommage
De salir ma réputation
Bien sûr je dors dans le garage
Bien sûr ils dorment dans mon lit
Bien sûr c'est moi qui fais le ménage
Mais qui n'a pas ses petits soucis

Comment tuer l'amant de sa femme
Quand on a été comme moi
Elevé dans les traditions

Y a l'arsenic oui c'est trop long
Y a le revolver mais c'est trop court
Y a l'amitié c'est trop cher
Y a le mépris c'est un péché

Comment tuer l'amant de sa femme
Quand on a reçu comme moi
La croix d'honneur chez les bonnes sœurs
Comment tuer l'amant de sa femme
Moi qui n'ose même pas
Le lui dire avec des fleurs

Comme je n'ai pas le courage
De l'insulter tout le temps
Il dit que l'amour me rend lâche
Comme il est en chômage
Il dit en me frappant
Que l'amour le rend imprévoyant
S'il croit que c'est amusant
Pour un homme qui a mon âge
Qui n'a plus de femme et onze enfants
Bien sûr je leur fais la cuisine
Je bats les chiens et les tapis
Le soir je leur chante « Nuits de Chine »
Mais qui n'a pas ses petits soucis

Pourquoi tuer l'amant de sa femme
Puisque c'est à cause de moi
Qu'il est un peu vérolé
Pourquoi tuer l'amant de ma femme
Puisque c'est à cause de moi
Qu'il est pénicilliné.

© Editions musicales Pouchenel,
Bruxelles, 1968

J'ARRIVE

De chrysanthèmes en chrysanthèmes
Nos amitiés sont en partance
De chrysanthèmes en chrysanthèmes
La mort potence nos dulcinées
De chrysanthèmes en chrysanthèmes
Les autres fleurs font ce qu'elles peuvent
De chrysanthèmes en chrysanthèmes
Les hommes pleurent les femmes pleuvent

J'arrive j'arrive
Mais qu'est-ce que j'aurais bien aimé
Encore une fois traîner mes os
Jusqu'au soleil jusqu'à l'été
Jusqu'à demain jusqu'au printemps
J'arrive, j'arrive
Mais qu'est-ce que j'aurais bien aimé
Encore une fois voir si le fleuve
Est encore fleuve voir si le port
Est encore port m'y voir encore
J'arrive j'arrive
Mais pourquoi moi pourquoi maintenant
Pourquoi déjà et où aller
J'arrive bien sûr, j'arrive
N'ai-je jamais rien fait d'autre qu'arriver

De chrysanthèmes en chrysanthèmes
A chaque fois plus solitaire
De chrysanthèmes en chrysanthèmes
A chaque fois surnuméraire
J'arrive j'arrive
Mais qu'est-ce que j'aurais bien aimé

Encore une fois prendre un amour
Comme on prend le train pour plus être seul
Pour être ailleurs pour être bien
J'arrive j'arrive
Mais qu'est-ce que j'aurais bien aimé
Encore une fois remplir d'étoiles
Un corps qui tremble et tomber mort
Brûlé d'amour le cœur en cendres
J'arrive j'arrive
C'est même pas toi qui est en avance
C'est déjà moi qui suis en retard
J'arrive, bien sûr j'arrive
N'ai-je jamais rien fait d'autre qu'arriver.

JE SUIS UN SOIR D'ÉTÉ

Et la sous-préfecture
Fête la sous-préfète
Sous le lustre à facettes
Il pleut des orangeades
Et des champagnes tièdes
Et les propos glacés
Des femelles maussades
De fonctionnarisés

     Je suis un soir d'été

Aux fenêtres ouvertes
Les dîneurs familiaux
Repoussent leurs assiettes
Et disent qu'il fait chaud
Les hommes lancent des rots
De chevaliers teutons
Les nappes tombent en miettes
Par-dessus les balcons

     Je suis un soir d'été

Aux terrasses brouillées
Quelques buveurs humides
Parlent de haridelles
Et de vieilles perfides
C'est l'heure où les bretelles
Soutiennent le présent
Des passants répandus
Et des alcoolisants

     Je suis un soir d'été

De lourdes amoureuses
Aux odeurs de cuisine
Promènent leur poitrine
Sur les flancs de la Meuse
Il leur manque un soldat
Pour que l'été ripaille
Et monte vaille que vaille
Jusqu'en haut de leurs bas

Je suis un soir d'été

Aux fontaines les vieux
Bardés de références
Rebroussent leur enfance
A petits pas pluvieux
Ils rient de toute une dent
Pour croquer le silence
Autour des filles qui dansent
A la mort d'un printemps

Je suis un soir d'été

La chaleur se vertèbre
Il fleuve des ivresses
L'été a ses grand-messes
Et la nuit les célèbre
La ville aux quatre vents
Clignote le remords
Inutile et passant
De n'être pas un port

Je suis un soir d'été.

© Editions musicales Pouchenel,
Bruxelles, 1968.

LA BIÈRE

Ça sent la bière de Londres à Berlin
Ça sent la bière, Dieu qu'on est bien
Ça sent la bière de Londres à Berlin
Ça sent la bière donne-moi la main

C'est plein d'Uylenspiegel
Et de ses cousins
Et d'arrière-cousins
De Breughel l'Ancien
C'est plein de vent du Nord
Qui mord comme un chien
Le port qui dort
Le ventre plein

C'est plein de verres pleins
Qui vont à kermesse
Comme vont à messe
Vieilles au matin
C'est plein de jours morts
Et d'amours gelées
Chez nous y a que l'été
Que les filles aient un corps

C'est plein de finissants
Qui soignent leurs souvenirs
En mouillant de rires
Leurs poiluchons blancs
C'est plein de débutants
Qui soignent leur vérole
En caracolant
De « prosit » en « Schol »

C'est plein de « Godferdomme »
C'est plein d'Amsterdam
C'est plein de mains d'homme
Aux croupes des femmes
C'est plein de mèmères
Qui ont depuis toujours
Un sein pour la bière
Un sein pour l'amour

C'est plein d'horizons
A vous rendre fou
Mais l'alcool est blond
Le diable est à nous
Les gens sans Espagne
Ont besoin des deux
On fait des montagnes
Avec ce qu'on peut.

L'ÉCLUSIER

Les mariniers me voient vieillir
Je vois vieillir les mariniers
On joue au jeu des imbéciles
Où l'immobile est le plus vieux
Dans mon métier, même en été
Faut voyager les yeux fermés
Ce n'est pas rien d'être éclusier

Les mariniers savent ma trogne
Ils me plaisantent et ils ont tort
Moitié sorcier, moitié ivrogne
Je jette un sort à tout ce qui chante
Dans mon métier c'est en automne
Qu'on cueille les pommes et les noyés
Ce n'est pas rien d'être éclusier

Dans son panier un enfant louche
Pour voir la mouche qu'est sur son nez
Maman ronronne, le temps soupire
Le chou transpire, le feu ronchonne
Dans mon métier c'est en hiver
Qu'on pense au père qui s'est noyé
Ce n'est pas rien d'être éclusier

Vers le printemps les marinières
Me font des manières de leur chaland
J'aimerais leurs jeux sans cette guerre
Qui m'a un peu trop abîmé
Dans mon métier c'est au printemps
Qu'on prend le temps de se noyer.

⋈ Editions musicales Pouchenel,
Bruxelles, 1968

L'OSTENDAISE

Une Ostendaise
Pleure sur sa chaise
Le chat soupèse
Son poids d'amour
Dans le silence
Son chagrin danse
Et les vieux pensent
Chacun son tour
A la cuisine
Quelques voisines
Parlent de Chine
Et d'un retour
A Singapour
Une Javanaise
Devient belle-sœur
De l'Ostendaise

       Il y a deux sortes de temps
       Y a le temps qui attend
       Et le temps qui espère
       Il y a deux sortes de gens
       Il y a les vivants
       Et ceux qui sont en mer

Notre Ostendaise
Que rien n'apaise
De chaises en chaises
Va sa blessure
Quelques commères
Quelques compères
Battent le fer

De sa brisure
Son capitaine
Sous sa bedaine
De bière pleine
Bat le tambour
Homme de voiles
Homme d'étoiles
Il prend l'escale
Pour un détour

Notre Ostendaise
Au temps des fraises
Devint maîtresse
D'un pharmacien
Son capitaine
Mort sous bedaine
Joue les baleines
Les sous-marins
Pourquoi ma douce
Moi le faux mousse
Que le temps pousse
T'écrire de loin
C'est que je t'aime
Et tant je t'aime
Qu'ai peur ma reine
D'un pharmacien

Il y a deux sortes de temps
Y a le temps qui attend
Et le temps qui espère
Il y a deux sortes de gens
Il y a les vivants
Et moi je suis en mer.

REGARDE BIEN, PETIT

Regarde bien petit, regarde bien
Sur la plaine là-bas
A hauteur des roseaux
Entre ciel et moulin
Y a un homme qui vient
Que je ne connais pas
Regarde bien petit, regarde bien

Est-ce un lointain voisin
Un voyageur perdu
Un revenant de guerre
Un montreur de dentelles
Est-ce un abbé porteur
De ces fausses nouvelles
Qui aident à vieillir
Est-ce mon frère qui vient
Me dire qu'il est temps
D'un peu moins nous haïr
Ou n'est-ce que le vent
Qui gonfle un peu le sable
Et forme des mirages
Pour nous passer le temps

Ce n'est pas un voisin
Son cheval est trop fier
Pour être de ce coin
Ou revenir de guerre
Ce n'est pas un abbé
Son cheval est trop pauvre
Pour être paroissien
Ce n'est pas un marchand

Son cheval est trop clair
Son habit est trop blanc
Et aucun voyageur
N'a plus passé le pont
Depuis la mort du père
Ni ne sait nos prénoms

Non ce n'est pas mon frère
Son cheval aurait bu
Non ce n'est pas mon frère
Il ne l'oserait plus
Il n'est plus rien ici
Qui puisse le servir
Non ce n'est pas mon frère
Mon frère a pu mourir
Cette ombre de midi
Aurait plus de tourment
S'il s'agissait de lui
Allons c'est bien le vent
Qui gonfle un peu le sable
Pour nous passer le temps

Regarde bien petit, regarde bien
Sur la plaine là-bas
A hauteur des roseaux
Entre ciel et moulin
Y a un homme qui part
Que nous ne saurons pas
Regarde bien petit, regarde bien
Il faut sécher tes larmes
Y a un homme qui part
Que nous ne saurons pas
Tu peux ranger les armes.

VESOUL

T'as voulu voir Vierzon
Et on a vu Vierzon
T'as voulu voir Vesoul
Et on a vu Vesoul
T'as voulu voir Honfleur
Et on a vu Honfleur
T'as voulu voir Hambourg
Et on a vu Hambourg
J'ai voulu voir Anvers
On a revu Hambourg
J'ai voulu voir ta sœur
Et on a vu ta mère
Comme toujours

T'as plus aimé Vierzon
On a quitté Vierzon
T'as plus aimé Vesoul
On a quitté Vesoul
T'as plus aimé Honfleur
On a quitté Honfleur
T'as plus aimé Hambourg
On a quitté Hambourg
T'as voulu voir Anvers
On a vu que ses faubourgs
T'as plus aimé ta mère
On a quitté ta sœur
Comme toujours

Mais je te le dis
Je n'irai pas plus loin
Mais je te préviens
J'irai pas à Paris
D'ailleurs j'ai horreur
De tous les flonflons

De la valse musette
Et de l'accordéon

T'as voulu voir Paris
Et on a vu Paris
T'as voulu voir Dutronc
Et on a vu Dutronc
J'ai voulu voir ta sœur
J'ai vu le Mont Valérien
T'as voulu voir Hortense
Elle était dans le Cantal
Je voulais voir Byzance
Et on a vu Pigalle
A la gare St-Lazare
J'ai vu les fleurs du mal
Par hasard

T'as plus aimé Paris
On a quitté Paris
T'as plus aimé Dutronc
On a quitté Dutronc
Maintenant je confonds ta sœur
Et le Mont Valérien
De ce que je sais d'Hortense
J'irai plus dans le Cantal
Et tant pis pour Byzance
Puisque que j'ai vu Pigalle
Et la gare St-Lazare
C'est cher et ça fait mal
Au hasard

Mais je te le redis
Je n'irai pas plus loin
Mais je te préviens
Le voyage est fini
D'ailleurs j'ai horreur
De tous les flonflons
De la valse musette
Et de l'accordéon.

© Editions musicales Pouchenel,
Bruxelles, 1968.

JAURÈS

Ils étaient usés à quinze ans
Ils finissaient en débutant
Les douze mois s'appelaient décembre
Quelle vie ont eu nos grands-parents
Entre l'absinthe et les grand-messes
Ils étaient vieux avant que d'être
Quinze heures par jour le corps en laisse
Laisse au visage un teint de cendre
Oui, not' Monsieur oui not' bon Maître
Pourquoi ont-ils tué Jaurès ?
Pourquoi ont-ils tué Jaurès ?

On ne peut pas dire qu'ils furent esclaves
De là à dire qu'ils ont vécu
Lorsque l'on part aussi vaincu
C'est dur de sortir de l'enclave
Et pourtant l'espoir fleurissait
Dans les rêves qui montaient aux yeux
Des quelques ceux qui refusaient
De ramper jusqu'à la vieillesse
Oui not' bon Maître oui not' Monsieur
Pourquoi ont-ils tué Jaurès ?
Pourquoi ont-ils tué Jaurès ?

Si par malheur ils survivaient
C'était pour partir à la guerre
C'était pour finir à la guerre
Aux ordres de quelques sabreurs
Qui exigeaient du bout des lèvres
Qu'ils aillent ouvrir au champ d'horreur
Leurs vingt ans qui n'avaient pu naître

333

Et ils mouraient à pleine peur
Tout miséreux oui not' bon Maître
Couvert de prêtres oui not' Monsieur

Demandez-vous belle jeunesse
Le temps de l'ombre d'un souvenir
Le temps du souffle d'un soupir
Pourquoi ont-ils tué Jaurès ?
Pourquoi ont-ils tué Jaurès ?

LA VILLE S'ENDORMAIT

La ville s'endormait
Et j'en oublie le nom
Sur le fleuve en amont
Un coin de ciel brûlait
La ville s'endormait
Et j'en oublie le nom

Et la nuit peu à peu
Et le temps arrêté
Et mon cheval boueux
Et mon corps fatigué
Et la nuit bleu à bleu
Et l'eau d'une fontaine
Et quelques cris de haine
Versés par quelques vieux
Sur de plus vieilles qu'eux
Dont le corps s'ensommeille

La ville s'endormait
Et j'en oublie le nom
Sur le fleuve en amont
Un coin de ciel brûlait
La ville s'endormait
Et j'en oublie le nom

Et mon cheval qui boit
Et moi qui le regarde
Et ma soif qui prend garde
Qu'elle ne se voie pas
Et la fontaine chante
Et la fatigue plante

Son couteau dans mes reins
Et je fais celui-là
Qui est son souverain
On m'attend quelque part
Comme on attend le roi
Mais on ne m'attend point
Je sais depuis déjà
Que l'on meurt de hasard
En allongeant le pas

La ville s'endormait
Et j'en oublie le nom
Sur le fleuve en amont
Un coin de ciel brûlait
La ville s'endormait
Et j'en oublie le nom

Il est vrai que parfois
Près du soir les oiseaux
Ressemblent à des vagues
Et les vagues aux oiseaux
Et les hommes aux rires
Et les rires aux sanglots
Il est vrai que souvent
La mer se désenchante
Je veux dire en cela
Qu'elle chante d'autres chants
Que ceux que la mer chante
Dans les livres d'enfants

Mais les femmes toujours
Ne ressemblent qu'aux femmes
Et d'entre elles les connes
Ne ressemblent qu'aux connes
Et je ne suis pas bien sûr
Comme chante un certain
Qu'elles soient l'avenir de l'homme

La ville s'endormait
Et j'en oublie le nom
Sur le fleuve en amont
Un coin de ciel brûlait

La ville s'endormait
Et j'en oublie le nom

Et vous êtes passée
Demoiselle inconnue
A deux doigts d'être nue
Sous le lin qui dansait.

VIEILLIR

Mourir en rougissant
Suivant la guerre qu'il fait,
Du fait des Allemands
A cause des Anglais

Mourir baiseur intègre
Entre les seins d'une grosse,
Contre les os d'une maigre
Dans un cul de basse fosse

Mourir de frissonner,
Mourir de se dissoudre,
De se racrapoter,
Mourir de se découdre

Ou terminer sa course,
La nuit de ses cent ans
Vieillard tonitruant
Soulevé par quelques femmes
Cloué à la Grande Ourse
Cracher sa dernière dent
En chantant « Amsterdam »

Mourir cela n'est rien
Mourir la belle affaire
Mais vieillir... ô vieillir !

Mourir mourir de rire
C'est possiblement vrai
D'ailleurs la preuve en est
Qu'ils n'osent plus trop rire

Mourir de faire le pitre
Pour dérider le désert
Mourir face au cancer
Par arrêt de l'arbitre

Mourir sous le manteau
Tellement anonyme
Tellement incognito
Que meurt un synonyme

Ou terminer sa course
La nuit de ses cent ans
Vieillard tonitruant
Soulevé par quelques femmes
Cloué à la Grande Ourse
Cracher sa dernière dent
En chantant « Amsterdam »

Mourir cela n'est rien
Mourir la belle affaire
Mais vieillir... ô vieillir !

Mourir couvert d'honneur
Et ruisselant d'argent
Asphyxié sous les fleurs
Mourir en monument

Mourir au bout d'une blonde
Là où rien ne se passe
Où le temps nous dépasse
Où le lit tombe en tombe

Mourir insignifiant
Au fond d'une tisane
Entre un médicament
Et un fruit qui se fane

Ou terminer sa course
La nuit de ses cent ans
Vieillard tonitruant
Soulevé par quelques femmes
Cloué à la Grande Ourse

Cracher sa dernière dent
En chantant « Amsterdam »

Mourir cela n'est rien
Mourir la belle affaire
Mais vieillir... ô vieillir !

LE BON DIEU

Toi,
Toi si tu étais le Bon Dieu
Tu ferais valser les vieux
Aux étoiles
Toi, toi si tu étais le Bon Dieu
Tu allumerais des bals
Pour les gueux

Toi,
Toi si tu étais le Bon Dieu
Tu ne serais pas économe
De ciel bleu
Mais tu n'es pas le Bon Dieu
Toi tu es beaucoup mieux
Tu es un homme

Tu es un homme
Tu es un homme.

LES F...

Messieurs les Flamingants j'ai deux mots à vous rire
Il y a trop longtemps que vous me faites frire
A vous souffler dans le cul pour devenir autobus
Vous voilà acrobates mais vraiment rien de plus
Nazis durant les guerres et catholiques entre elles
Vous oscillez sans cesse du fusil au missel
Vos regards sont lointains votre humour est exsangue
Bien qu'il y ait des rues à Gand qui pissent dans les deux
[langues
Tu vois quand je pense à vous j'aime que rien ne se perde
Messieurs les Flamingants je vous emmerde

Vous salissez la Flandre mais la Flandre vous juge
Voyez la mer du Nord elle s'est enfuie de Bruges
Cessez de me gongler mes vieilles roubignoles
Avec votre art flamand italo-espagnol
Vous êtes tellement tellement beaucoup trop lourd
Que quand les soirs d'orages des Chinois cultivés
Me demandent d'où je suis je réponds fatigué
Et les larmes aux dents « Ik ben van Luxembourg »
Et si aux jeunes femmes on ose un chant flamand
Elles s'envolent en rêvant aux oiseaux rose et blanc

Et je vous interdis d'espérer que jamais
A Londres sous la pluie on puisse vous croire anglais
Et je vous interdis à New York ou Milan
D'éructer mes seigneurs autrement qu'en flamand
Vous n'aurez pas l'air con vraiment pas con du tout
Et moi je m'interdis de dire que je m'en fous
Et je vous interdis d'obliger nos enfants
Qui ne vous ont rien fait à aboyer flamand
Et si mes frères se taisent et bien tant pis pour elles
Je chante persiste et signe je m'appelle Jacques BREL.

ORLY

Ils sont plus de deux mille
Et je ne vois qu'eux deux
La pluie les a soudés
Semble-t-il l'un à l'autre
Ils sont plus de deux mille
Et je ne vois qu'eux deux
Et je les sais qui parlent
Il doit lui dire je t'aime
Elle doit lui dire je t'aime
Je crois qu'ils sont en train
De ne rien se promettre
Ces deux-là sont trop maigres
Pour être malhonnêtes

Ils sont plus de deux mille
Et je ne vois qu'eux deux
Et brusquement il pleure
Il pleure à gros bouillons
Tout entourés qu'ils sont
D'adipeux en sueur
Et de bouffeurs d'espoir
Qui les montrent du nez
Mais ces deux déchirés
Superbes de chagrin
Abandonnent aux chiens
L'exploit de les juger

        La vie ne fait pas de cadeau
        Et nom de Dieu c'est triste Orly
        Le dimanche
        Avec ou sans Bécaud

Et maintenant ils pleurent
Je veux dire tous les deux
Tout à l'heure c'était lui

Lorsque je disais « il »
Tout encastrés qu'ils sont
Ils n'entendent plus rien
Que les sanglots de l'autre
Et puis,
Et puis infiniment
Comme deux corps qui prient
Infiniment lentement
Ces deux corps se séparent
Et en se séparant
Ces deux corps se déchirent
Et je vous jure qu'ils crient
Et puis ils se reprennent
Redeviennent un seul
Redeviennent le feu
Et puis se redéchirent
Se tiennent par les yeux
Et puis en reculant
Comme la mer se retire
Il consomme l'adieu
Il bave quelques mots
Agite une vague main
Et brusquement il fuit
Fuit sans se retourner
Et puis il disparaît
Bouffé par l'escalier

      La vie ne fait pas de cadeau
      Et nom de Dieu c'est triste Orly
      Le dimanche
      Avec ou sans Bécaud

Et puis il disparaît
Bouffé par l'escalier
Et elle, elle reste là
Cœur en croix, bouche ouverte
Sans un cri sans un mot
Elle connaît sa mort
Elle vient de la croiser
Voilà qu'elle se retourne
Et se retourne encore
Ses bras vont jusqu'à terre

Ça y est elle a mille ans
La porte est refermée
La voilà sans lumière
Elle tourne sur elle-même
Et déjà elle sait
Qu'elle tournera toujours
Elle a perdu des hommes
Mais là elle perd un amour
L'amour le lui a dit
Revoilà l'inutile
Elle vivra de projets
Qui ne feront qu'attendre
La revoilà fragile
Avant que d'être à vendre

Je suis là je la suis
Je n'ose rien pour elle
Que la foule grignote
Comme un quelconque fruit.

LES REMPARTS DE VARSOVIE

Madame promène son cul sur les remparts de Varsovie
Madame promène son cœur sur les ringards de sa folie
Madame promène son ombre sur les grand-places de
[l'Italie
Je trouve que Madame vit sa vie
Madame promène à l'aube les preuves de ses insomnies
Madame promène à cheval ses états d'âme et ses lubies
Madame promène un con qui assure que Madame est jolie
Je trouve que Madame est servie

    Tandis que moi tous les soirs
    Je suis vestiaire à l'Alcazar

Madame promène l'été jusque dans le Midi de la France
Madame promène ses seins jusque dans le Midi de la chance
Madame promène son spleen tout au long du lac de
[Constance
Je trouve Madame de circonstance
Madame promène son chien un boudin noir nommé
[Byzance
Madame traîne son enfance qui change selon les circons-
[tances
Madame promène partout son accent russe avec aisance
C'est vrai que Madame est de Valence

    Tandis que moi tous les soirs
    Je suis barman à l'Alcazar

Madame promène son cheveu qui a la senteur des nuits de
[Chine
Madame promène son regard sur tous les vieux qui ont des
[usines

Madame promène son rire comme d'autres promènent leur
[vaseline
Je trouve que Madame est coquine
Madame promène ses cuites de verre en verre de fine en
[fine
Madame promène les gènes de vingt mille officiers de
[marine
Madame raconte partout que l'on m'appelle tata Jacque-
[line
Je trouve Madame mauvaise copine

    Tandis que moi tous les soirs
    Je suis chanteuse légère à l'Alcazar

Madame promène ses mains dans les différents corps
[d'armée
Madame promène mes sous chez des demi-sels de bas
[quartier
Madame promène carrosse qu'elle voudrait bien me voir
[tirer
Je trouve que Madame est gonflée
Madame promène banco qu'elle veut bien me laisser régler
Madame promène bijoux qu'elle veut bien me faire fac-
[turer
Madame promène ma Rolls que poursuivent quelques
[huissiers
Je trouve que Madame est pressée

    Tandis que moi tous les soirs
    Je fais la plonge à l'Alcazar.

VOIR UN AMI PLEURER

Bien sûr il y a les guerres d'Irlande
Et les peuplades sans musique
Bien sûr tout ce manque de tendre
Et il n'y a plus d'Amérique
Bien sûr l'argent n'a pas d'odeur
Mais pas d'odeur vous monte au nez
Bien sûr on marche sur les fleurs,
Mais, mais voir un ami pleurer

Bien sûr il y a nos défaites
Et puis la mort qui est tout au bout
Le corps incline déjà la tête
Etonné d'être encore debout
Bien sûr les femmes infidèles
Et les oiseaux assassinés
Bien sûr nos cœurs perdent leurs ailes
Mais, mais voir un ami pleurer

Bien sûr ces villes épuisées
Par ces enfants de cinquante ans
Notre impuissance à les aider
Et nos amours qui ont mal aux dents
Bien sûr le temps qui va trop vite
Ces métros remplis de noyés
La vérité qui nous évite
Mais, mais voir un ami pleurer

Bien sûr nos miroirs sont intègres
Ni le courage d'être juif
Ni l'élégance d'être nègre
On se croit mèche, on n'est que suif

Et tous ces hommes qui sont nos frères
Tellement qu'on n'est plus étonné
Que par amour ils nous lacèrent
Mais, mais voir un ami pleurer.

KNOKKE-LE-ZOUTE

Les soirs où je suis Argentin
Je m'offre quelques Argentines
Quitte à cueillir dans les vitrines
Des jolis quartiers d'Amsterdam
Des lianes qui auraient ce teint de femme
Qu'exportent vos cités latines
Ces soirs-là je les veux félines
Avec un rien de brillantine
Collé au cheveu de la langue
Elles seraient fraîches comme des mangues
Et compenseraient leurs maladresses
A coups de poitrine et de fesses

Mais ce soir y a pas d'Argentines
Y a pas d'espoir
Et y a pas de doute
Ce soir il pleut sur Knokke-le-Zoute
Ce soir comme tous les soirs
Je me rentre chez moi
Le cœur en déroute
Et la bite sous le bras

Les soirs où je suis espagnol
Petites fesses grande bagnole
Elles passent toutes à la casserole
Quitte à pourchasser dans Hambourg
Des Carmencitas de faubourg
Qui nous reviennent de vérole
Je me les veux fraîches et joyeuses
Bonnes travailleuses sans parlote
Mi-andalouses mi-onduleuses

De ces femelles qu'on gestapotte
Parce qu'elles ne savent pas encore
Que Franco est tout à fait mort

Mais ce soir y a pas d'Espagnoles
Y a pas de casserole
Et y a pas de doute, non
Ce soir il pleut sur Knokke-le-Zoute
Ce soir comme tous les soirs
Je me rentre chez moi
Le cœur en déroute
Et la bite sous le bras

Les soirs où je suis Caracas
Je Panama je Partagas
Je suis le plus beau je pars en chasse
Je glisse de palace en palace
Pour y dénicher le gros lot
Qui n'attend que mon coup de grâce
Je la veux folle comme un travelo
Découverte de vieux rideaux
Mais cependant évanescente
Elle m'attendrait depuis toujours
Cerclée de serpents et de plantes
Parmi les livres de Dutourd

Mais ce soir y a pas de Caracas
Y a pas de t'évanescente
Et y a pas de doute, non
Ce soir il pleut sur Knokke-le-Zoute
Ce soir comme tous les soirs
Je me rentre chez moi
Le cœur en déroute
Et la bite sous le bras

Mais
Demain
Oui peut-être que
Peut-être que demain
Je serai argentin
Oui
Je m'offrirai des Argentines

Quitte à cueillir dans les vitrines
Des jolis quartiers d'Amsterdam
Des lianes qui auraient ce teint de femme
Qu'exportent vos cités latines
Demain je les voudrai félines
Avec ce rien de brillantine
Collé au cheveu de la langue
Elles seront fraîches comme des mangues
Et compenseront leurs maladresses
A coups de poitrine et de fesses

Demain je serai espagnol
Petites fesses grande bagnole
Elles passeront toutes à la casserole
Quitte à pourchasser dans Hambourg
Des Carmencitas de faubourg
Qui nous reviendront de vérole
Je les voudrais fraîches et joyeuses
Bonnes travailleuses sans parlote
Mi-andalouses mi-onduleuses
De ces femelles qu'on gestapotte
Parce qu'elles ne savent pas encore
Que Franco est tout à fait mort

Les soirs où je suis Caracas
Je Panama je Partagas
Je suis le plus beau je pars en chasse
Je glisse de palace en palace
Pour y dénicher le gros lot
Qui n'attend que mon coup de grâce
Je la veux folle comme un travelo
Découverte de vieux rideaux
Mais cependant évanescente
Elle m'attendrait depuis toujours
Cerclée de serpents et de plantes
Parmi les livres de Dutourd.

JOJO

Jojo,
Voici donc quelques rires
Quelques vins quelques blondes
J'ai plaisir à te dire
Que la nuit sera longue
A devenir demain
Jojo,
Moi je t'entends rugir
Quelques chansons marines
Où des Bretons devinent
Que Saint-Cast doit dormir
Tout au fond du brouillard

    Six pieds sous terre Jojo tu chantes encore
    Six pieds sous terre tu n'es pas mort

Jojo,
Ce soir comme chaque soir
Nous refaisons nos guerres
Tu reprends Saint-Nazaire
Je refais l'Olympia
Au fond du cimetière
Jojo,
Nous parlons en silence
D'une jeunesse vieille
Nous savons tous les deux
Que le monde sommeille
Par manque d'imprudence

    Six pieds sous terre Jojo tu espères encore
    Six pieds sous terre tu n'es pas mort

Jojo,
Tu me donnes en riant
Des nouvelles d'en bas
Je te dis mort aux cons
Bien plus cons que toi
Mais qui sont mieux portants
Jojo,
Tu sais le nom des fleurs
Tu vois que mes mains tremblent
Et je te sais qui pleure
Pour noyer de pudeur
Mes pauvres lieux communs

    Six pieds sous terre Jojo tu frères encore
    Six pieds sous terre tu n'es pas mort

Jojo,
Je te quitte au matin
Pour de vagues besognes
Parmi quelques ivrognes
Des amputés du cœur
Qui ont trop ouvert les mains
Jojo,
Je ne rentre plus nulle part
Je m'habille de nos rêves
Orphelin jusqu'aux lèvres
Mais heureux de savoir
Que je te viens déjà

    Six pieds sous terre Jojo tu n'es pas mort
    Six pieds sous terre Jojo je t'aime encore.

LE LION

Ça fait cinq jours ça fait cinq nuits
Qu'au-delà du fleuve qui bouillonne
Appelle, appelle la lionne
Ça fait cinq jours ça fait cinq nuits
Qu'en deçà du fleuve qui bouillonne
Répond le lion à la lionne

Vas-y pas Gaston
Même si elle te raconte
Que sa mère est gentille
Vas-y pas Gaston
Même si elle ose te dire
Qu'elle t'aime pour la vie
Vas-y pas Gaston
Même si elle te supplie
De l'emmener à la ville
Elle sera ta Manon
Tu seras son Des Grieux
Vous serez deux imbéciles

Ça fait dix jours ça fait dix nuits
Qu'au-delà du fleuve qui bouillonne
Appelle appelle la lionne
Ça fait dix jours ça fait dix nuits
Qu'en deçà du fleuve qui bouillonne
Répond le lion à la lionne

Vas-y pas Gaston
Arrête de remuer la queue
Y faut qu'elle s'impatiente
Fais celui qui a le temps
Celui qui est débordé
Mets-la en liste d'attente

Vas-y pas Gaston
Un lion doit être vache
Dis-lui que tu es en plein rush
Souviens-toi de Paulo
Qui nous disait toujours
Too much c'est too much

Ça fait vingt jours ça fait vingt nuits
Qu'au-delà du fleuve qui bouillonne
Appelle appelle la lionne
Ça fait vingt jours ça fait vingt nuits
Qu'en deçà du fleuve qui bouillonne
Répond le lion à la lionne

Vas-y pas Gaston
Même si elle te signale
Qu'y en a un autre en vue
Un qui est jeune qui est beau
Qui danse comme un dieu
Qui a de la tenue
Un qui a de la crinière
Qui est très intelligent
Et qui va faire fortune
Un qui est généreux
Un qui que quand elle veut
Lui offrira la lune

Ça fait une heure et vingt minutes
Qu'au-delà du fleuve qui bouillonne
Appelle appelle la lionne
Ça fait une heure et vingt minutes
Que dans le fleuve qui bouillonne
Un lion est mort pour une lionne

Jacques, Jacques
Euh oui, oui
Jacques
C'est, c'est moi qu'on appelle ?
Jacques, Jacques,
Oui, oui, je suis là, oui
Jacques, Jacques...

LES MARQUISES

Ils parlent de la mort comme tu parles d'un fruit
Ils regardent la mer comme tu regardes un puits

Les femmes sont lascives au soleil redouté
Et s'il n'y a pas d'hiver cela n'est pas l'été

La pluie est traversière elle bat de grain en grain
Quelques vieux chevaux blancs qui fredonnent Gauguin

Et par manque de brise le temps s'immobilise
Aux Marquises

Du soir montent des feux et des points de silence
Qui vont s'élargissant et la lune s'avance

Et la mer se déchire infiniment brisée
Par des rochers qui prirent des prénoms affolés

Et puis plus loin des chiens des chants de repentance
Et quelques pas de deux et quelques pas de danse

Et la nuit est soumise et l'alizé se brise
Aux Marquises

Le rire est dans le cœur le mot dans le regard
Le cœur est voyageur l'avenir est au hasard

Et passent des cocotiers qui écrivent des chants d'amour
Que les sœurs ignorent d'ignorer

Les pirogues s'en vont les pirogues s'en viennent
Et mes souvenirs deviennent ce que les vieux en font

Veux-tu que je te dise gémir n'est pas de mise
Aux Marquises.

Chansons inédites
1977

MAI 40

On jouait un air comme celui-ci
Lorsque la guerre s'est réveillée,
On jouait un air comme celui-ci
Lorsque la guerre est arrivée

Moi de mes onze ans d'altitude,
Je découvrais éberlué
Des soldatesques fatiguées
Qui ramenaient ma belgitude
Les hommes devenaient des hommes,
Les gares avalaient des soldats
Qui faisaient ceux qui ne s'en vont pas
Et les femmes,
Les femmes s'accrochaient à leurs hommes

Et voilà que le printemps flambe,
Les canons passaient en chantant
Et puis les voilà revenant
Déjà la gueule entre les jambes,
Comme repassaient en pleurant
Nos grands frères devenus vieillards,
Nos pères devenus brouillard
Et les femmes,
Les femmes s'accrochaient aux enfants

Je découvris le réfugié,
C'est un paysan qui se nomade,
C'est un banlieusard qui s'évade
D'une ville ouverte qui est fermée
Je découvris le refusé,
C'est un armé que l'on désarme

Et qui doit faire chemin à pied
Et les femmes,
Les femmes s'accrochaient à leurs larmes

D'un ciel plus bleu qu'à l'habitude,
Ce mai 40 a salué
Quelques Allemands disciplinés
Qui écrasaient ma belgitude,
L'honneur avait perdu patience,
Et chaque bourg connut la crainte,
Et chaque ville fut éteinte
Et les femmes,
Les femmes s'accrochèrent au silence.

AVEC ÉLÉGANCE

Même quand ils se sentent romains
C'est au temps de la décadence
Ils grattent leur mémoire à deux mains
Ne parlent plus qu'à leur silence
                    Et
Ils ne veulent plus se faire aimer
Pour cause de trop peu d'importance
Ils sont désespérés
Mais avec élégance

Ils sentent la pente plus glissante
Qu'au temps où leur corps était mince
Lisent dans les yeux des ravissantes
Que cinquante ans c'est la province
                    Et
Ils brûlent leur jeunesse mourante
Mais ils font ceux qui s'en dispensent
Ils sont désespérés
Mais avec élégance

Ils sortent pour traverser des bars
Où ils sont déjà les plus vieux
Ils éclaboussent de pourboires
Quelques barmans silencieux
                    Et
Grignotent des banalités
Avec des vieilles en puissance
Ils sont désespérés
Mais avec élégance

Ils se répètent tous les matins
Que si un jour les cocufiés

Voulaient tous se donner la main
Nul ne pourrait plus se moucher
            Et
Croire que l'on chante et murmurer
Ils courent après la cadence
Ils sont désespérés
Mais avec élégance

Ils savent qu'ils ont toujours eu peur
Ils savent leur poids de lâcheté
Ils peuvent se passer de bonheur
Ils savent ne plus se pardonner
            Et
Ils n'ont plus grand-chose à rêver
Mais ils écoutent leur cœur qui danse
Ils sont désespérés
Mais avec élégance.

SANS EXIGENCES

Je n'étais plus que son amant
Je vivais bien de temps en temps
Mais peu à peu de moins en moins
Je blasphémais ma dernière chance
Au fil de son indifférence
J'en voulais faire mon seul témoin
Mais j'ai dû manquer d'impudence
Car me voyant sans exigences
Elle me croyait sans besoins

Je protégeais ses moindres pas
Je passais mais ne pesais pas
Je me trouvais bien de la chance
A vivre à deux ma solitude
Puis je devins son habitude
Je devins celui qui revient
Lorsqu'elle revenait de partance
Et me voyant sans exigences
Elle me croyait sans besoins

L'eau chaude n'a jamais mordu
Mais on ne peut que s'y baigner
Et elle ne peut de plus en plus
Que refroidir et reprocher
Qu'on ne soit pas assez soleil
L'eau chaude à l'eau chaude est pareille
Elle confond faiblesse et patience
Et me voyant sans exigences
Elle me voulait sans merveilles

De mal à seul, j'eus mal à deux
J'en suis venu à prier Dieu
Mais on sait bien qu'il est trop vieux
Et qu'il n'est plus maître de rien
Il eût fallu que j'arrogance
Alors que tremblant d'indulgence
Mon cœur n'osât lever la main
Et me voyant sans exigences
Elle me croyait sans besoins

Elle est partie comme s'en vont
Ces oiseaux-là dont on découvre
Après avoir aimé leurs bonds
Que le jour où leurs ailes s'ouvrent
Ils s'ennuyaient entre nos mains
Elle est partie comme en vacances
Depuis le ciel est un peu lourd
Et je me meurs d'indifférence
Et elle croit se couvrir d'amour.

L'AMOUR EST MORT

Ils n'ont plus rien à se maudire
Ils se perforent en silence
La haine est devenue leur science
Les cris sont devenus leurs rires
L'amour est mort, l'amour est vide
Il a rejoint les goélands
La grande maison est livide
Les portes claquent à tout moment

Ils ont oublié qu'il y a peu
Strasbourg traversé en riant
Leur avait semblé bien moins grand
Qu'une grand' place de banlieue
Ils ont oublié les sourires
Qu'ils déposaient tout autour d'eux
Quand je te parlais d'amoureux
C'est ceux-là que j'aimais décrire

Vers midi s'ouvrent les soirées
Qu'ébrèchent quelques sonneries
C'est toujours la même bergerie
Mais les brebis sont enragées
Il rêve à d'anciennes maîtresses
Elle s'invente son prochain amant
Ils ne voient plus dans leurs enfants
Que les défauts que l'autre y laisse

Ils ont oublié le beau temps
Où le petit jour souriait
Quand il lui récitait Hamlet
Nu comme un ver et en allemand

Ils ont oublié qu'ils vivaient
A deux, ils brûlaient mille vies
Quand je disais belle folie
C'est de ces deux que je parlais

Le piano n'est plus qu'un meuble
La cuisine pleure quelques sandwichs
Et eux ressemblent à deux derviches
Qui toupient dans le même immeuble
Elle a oublié qu'elle chantait
Il a oublié qu'elle chantait
Ils assassinent leurs nuitées
En lisant des livres fermés

Ils ont oublié qu'autrefois
Ils naviguaient de fête en fête
Quitte à s'inventer à tue-tête
Des fêtes qui n'existaient pas
Ils ont oublié les vertus
De la famine et de la bise
Quand ils dormaient dans deux valises
Et, mais nous, ma belle
Comment vas-tu ?
Comment vas-tu ?

LA CATHÉDRALE

Prenez une cathédrale
Et offrez-lui quelques mâts
Un beaupré, de vastes cales
Des haubans et halebas
Prenez une cathédrale
Haute en ciel et large au ventre
Une cathédrale à tendre
De clinfoc et de grand-voiles
Prenez une cathédrale
De Picardie ou de Flandre
Une cathédrale à vendre
Par des prêtres sans étoile
Cette cathédrale en pierre
Qui sera débondieurisée
Traînez-la à travers prés
Jusqu'où vient fleurir la mer
Hissez la toile en riant
Et filez sur l'Angleterre

L'Angleterre est douce à voir
Du haut d'une cathédrale
Même si le thé fait pleuvoir
Quelqu'ennui sur les escales
Les Cornouailles sont à prendre
Quand elles accouchent du jour
Et qu'on flotte entre le tendre
Entre le tendre et l'amour
Prenez une cathédrale
Et offrez-lui quelques mâts
Un beaupré, de vastes cales
Mais ne vous réveillez pas

Filez toutes voiles dehors
Et ho hisse les matelots
A chasser les cachalots
Qui vous mèneront aux Açores
Puis Madère avec ses filles
Canarian et l'Océan
Qui vous poussera en riant
En riant jusqu'aux Antilles
Prenez une cathédrale
Hissez le petit pavois
Et faites chanter les voiles
Mais ne vous réveillez pas

Putain, les Antilles sont belles
Elles vous croquent sous la dent
On se coucherait bien sur elles
Mais repartez de l'avant
Car toutes cloches en branle-bas
Votre cathédrale se voile
Transpercera le canal
Le canal de Panama
Prenez une cathédrale
De Picardie ou d'Artois
Partez cueillir les étoiles
Mais ne vous réveillez pas

Et voici le Pacifique
Longue houle qui roule au vent
Et ronronne sa musique
Jusqu'aux îles droit devant
Et que l'on vous veuille absoudre
Si là-bas bien plus qu'ailleurs
Vous tendez de vous dissoudre
Entre les fleurs et les fleurs
Prenez une cathédrale
Hissez le petit pavois
Et faites chanter les voiles
Mais ne vous réveillez pas
Prenez une cathédrale
De Picardie ou d'Artois
Partez pêcher les étoiles
Mais ne vous réveillez pas

Cette cathédrale en pierre
Traînez-la à travers bois
Jusqu'où vient fleurir la mer
Mais ne vous réveillez pas
Mais ne vous réveillez pas.

Textes inédits

1977

LE DOCTEUR

Tiens, ça est la voiture du docteur.
Est-ce qu'il va s'arrêter chez nous ? Ouais ?... non... non...
Ça est pour le voisin. Ça est sûrement pour le p'tit... Il est
vrai que ce gamin... ça fait longtemps que je dis qu'il est
pas bien... Bien sûr, hein... i' va dans cette école d'où on
ramène toujours des mauvaises maladies... Pourtant...,
Pourtant ils ont les moyens... Bof... ils devraient l'envoyer
aux frères du Sacré-Cœur... il serait beaucoup mieux cet
enfant...

Emilie... Emilie ! Arrêtez de causer comme ça sans arrêt !
ça est fatigant...

Tiens..., il pleut... Ils tardent à allumer... Boh !... Peut-
être pour des raisons d'économie ?... depuis les élec-
tions... On peut dire qu'ils sont couchés sur leurs sous,
ouais... Ou alors ils n'en ont pas, hé... Allez savoir !... vous
me direz que ça ne me regarde pas, non peut-être ? !... Ça
je voudrais une fois voir ! Puis d'ailleurs, je m'en fous...
ouais, ça est fou ce qu'il pleut... En tout cas, comme dit le
fabuliste, on est mieux dedans que dehors, hein! On est
mieux derrière sa fenêtre...

Tiens ! ça est de Jules sa sœur... Oh !... celle-là dans le
temps je l'ai fréquentée un peu, ouais... Mais enfin..., Ça
n'a pas tellement marché, il faut dire, hein... enfin... Je ne
pouvais quand même pas savoir... Que ça était une
lesbienne... ouais, elle promène son chien jaune, ho ! ho ! il
est vilain ce chien, il est vilain ! on dirait qu'il est en bois !

Et voilà ! et voilà, Tiens ! allez ! ça est sur mon trottoir qu'il vient faire son caca ! bravo ! bravo ! il va falloir que... Tiens !... y'a l' docteur qui r'ssort... Bof... c'est qu' ça n'est pas bien grave... ouais, il s'en va...

Est-ce que Monsieur le jeune futur très grand artiste du deuxième étage ne pourrait pas un tout petit peu arrêter ses exercices de violon ! nom de Dieu de nom de Dieu de nom de Dieu de nom de Dieu ! (toux)

Il est bien ce docteur, ouais... il m'a dit qu'au printemps je pourrais ressortir... Pas trop... Mais enfin...

Emilie !... Emilie !... venez changer ma compresse !...

Ouais... Enfin... et... Il m'a dit que je pourrais marcher jusqu'à la mer... et... Si il fait beau... de temps en temps... la messe... ouais... il est bien ce docteur... et puis... pas cher... il a une bonne voiture, hein... c'est une, heu, c'est un truc allemand c'est bien ! une bonne marque ! ça marche... ouais...

Tiens ! ça est de Jules sa femme... ah elle est encore jolie hein... Celle-là aussi... dans le temps... j'ai un petit peu fréquenté... Mais... il y a beaucoup plus de lesbiennes qu'on ne pense finalement... ouais... elle se promène tiens avec son manteau beige... Il a dû coûter quelque chose ce manteau-là... Ça est sûrement pas son mari qui a pu lui payer ça !
Non, non, elle a dû s'arranger un coup... enfin... comme dit le fabuliste... Chacun son cul pour soi !...

J'aimerais bien avoir un manteau beige comme ça...

Tiens... il pleut plus... il neige...

Inédit,
© Famille Brel.

HISTOIRE FRANÇAISE

Hé, justement, tiens...

Ça me rappelle une savoureuse histoire française... C'est un... c'est une histoire qui est arrivée à un (rire) à un Parisien. Euh, il arrive comme cela, sur... près des Champs-Elysées, hé... il avait rendez-vous avec une fille et il lui dit, c'est savoureux, il lui dit « Mademoiselle, je, je, je, je, je vous avais apporté des bonbons... » (rire) et alors il lui dit « parce que j'ai, j'ai préféré ça que de vous apporter des fleurs, parce que... ha..., les fleurs c'est périssable » (rire)... et alors (rire)... j'adore, j'adore les histoires françaises, hein...

Inédit,
© Famille Brel.

NOTE EXPLICATIVE

La Toison d'or fut écrite comme introduction à un spectacle produit dans le cadre d'un festival consacré en 1963 à Pierre Corneille. Il n'y eut qu'une seule représentation.

L'Homme de la Mancha, comédie musicale de Dale Wasserman pour le livret, Mitch Leigh pour la musique et Joe Darion pour les *lyrics*, fut créée aux Etats-Unis en 1965. Jacques Brel fut chargé, avec l'accord des auteurs, d'écrire le livret et les chansons en langue française. Ces chansons ne sont pas des traductions littérales, mais de véritables re-créations. Cette adaptation française date de 1968.

Le Voyage sur la lune ou *Ce qui s'est réellement passé le 21 juillet 1969 à 2 h 56 T.U.* est une comédie musicale pour enfants écrite en 1970. Le livret est de Jean-Marie Landier. Les chansons ont été écrites par Jacques Brel sur une musique de François Rauber. Elles sont demeurées inédites. Ce spectacle n'a jamais été représenté.

Zorrino et *Ode à la Nuit* furent écrites pour le dessin animé de Hergé, *Le Temple du soleil* (1969). Ces chansons n'ont pas été interprétées par Jacques Brel, mais par Lucie Dolène.

Jean de Bruges fut écrit pour l'examen de composition musicale de François Rauber au Conservatoire de Paris le 27 juin 1962. Pour cet examen, François Rauber devait en effet présenter un poème symphonique, dont le texte fut chanté, à cette occasion, par Jean-Christophe Benoît. « Les trois histoires de Jean de Bruges » furent enregistrées en 1963, Jacques Brel étant le récitant. Mais le disque, sous label Barclay, ne fut jamais commercialisé. Notons que François Rauber fut l'orchestrateur de presque toutes les chansons de Jacques Brel.

Parmi les chansons inédites figurant dans ce volume, on trouvera :
• Des chansons de jeunesse, composées entre 1948 et 1953. Elles furent interprétées par Jacques Brel lors de fêtes organisées par des mouvements de jeunesse, etc. La plupart d'entre elles n'ont pas été enregistrées. Une seule le fut : *Ballade*, qui, cependant, ne parut pas en disque. Ces chansons précèdent la parution du premier disque de Jacques Brel, réalisé en 78 tours par la firme Philips à Bruxelles, en 1953 : *La Foire* et *Il y a*.

● Cinq chansons inédites, écrites en 1977, qui n'ont pas été publiées du vivant de Jacques Brel, mais qui furent enregistrées par lui chez Barclay. Elles étaient destinées à un futur disque qu'il ne put, hélas! terminer.

On trouvera également, clôturant cette édition, deux textes écrits en dialecte bruxellois. Ils furent écrits en même temps que les cinq chansons précédentes et enregistrés avec elles. Ils étaient destinés à être dits et non à être lus. Il nous a cependant semblé utile de les faire figurer dans la publication de l'œuvre intégrale.

La chanson *Les Moutons* fut écrite à l'occasion de la campagne électorale de février 1967 en France. La chanson *Le Pendu* fut interprétée à la télévision néerlandaise, puis abandonnée.

Jacques Brel a composé la musique de toutes ses chansons, excepté celle des chansons suivantes :

Il y a, La Foire (en collaboration avec Lou Logist)

Il peut pleuvoir (en collaboration avec Glen Powell)

L'homme dans la cité, La lumière jaillira, Voici, Litanies pour un retour, Isabelle, Je t'aime, La statue, Avec élégance, Sans exigences (en collaboration avec François Rauber)

Le prochain amour, Bruxelles, La parlote, Les fenêtres, Les jardins du casino, Fernand, Un enfant, La chanson des vieux amants, Comment tuer l'amant de sa femme, J'arrive, Vieillir, L'amour est mort, La chanson de Van Horst (en collaboration avec Gérard Jouannest)

Les vieux (en collaboration avec François Rauber et Jean Corti)

Madeleine, Les Toros (en collaboration avec Gérard Jouannest et Jean Corti)

Les amants de cœur (musique de Rod Mc Kuen)

Pardons (musique de Jacques Vigouroux)

Ce qu'il vous faut, Le colonel (musique de Gaby Wagenheim)

Dors ma mie, Les paumés du petit matin, Chanson sans paroles, Quand maman reviendra, Jean de Bruges, L'Ostendaise (musique de François Rauber)

Dis-moi tambour (musique de Florence Véran)

Les bourgeois (musique de Jean Corti)

Je m'en remets à toi (musique de Charles Dumont)

Les F... (musique de Joe Donato)

Les prénoms de Paris, On n'oublie rien, Les biches, Les filles et les chiens, Le tango funèbre, Mathilde, Jacky, Les désespérés, A jeun, Fils de... Le gaz, Le cheval, Je suis bien, Hé m'man (musique de Gérard Jouannest)

L'ivrogne, J'aimais, Marieke (musique de François Rauber et Gérard Jouannest) *Titine* (musique de Gérard Jouannest et Jean Corti).

Enfin, il est intéressant de noter que Jacques Brel a écrit des chansons pour d'autres chanteurs et qu'il ne les a jamais lui-même interprétées. Il s'agit de *Vieille* et de *Je suis bien* (pour Juliette Gréco), *Les Crocodiles* (pour Sacha Distel), *Je m'en remets à toi* (pour Charles Dumont), *Hé m'man* (pour Mireille Mathieu).

Nous tenons à remercier tous les éditeurs qui nous ont autorisés à reproduire les textes des chansons de Jacques Brel, dont ils conservent, par ailleurs, l'entier copyright.

INDEX ALPHABÉTIQUE
DES CHANSONS DE JACQUES BREL